유대인처럼
협상하라

3000-NIN NO YUDAYAJIN NI YES TO IWASETA GIJUTSU
by Mark Tomioka
Copyright©2008 by Mark Tomioka
All rights reserved
Originally Published in Japan by SUNMARK PUBLISHING INC., Tokyo
Korean translation rights arranged with SUNMARK PUBLISHING INC., Japan
through THE SAKAI AGENCY and PLS Agency.
Korean edition rights©2009 by VISION B&P Co. Ltd., Seoul

이 책의 한국어판 저작권은 PLS를 통한 저작권자와의 독점 계약으로 비전B&P에 있습니다.
신저작권법에 의하여 한국어판의 저작권 보호를 받는 서적이므로 무단 전제와 복제를 금합니다.

평범한 회사원이 세계 76개국에서 최고의 협상을 이끌어낸 비결

유대인처럼 협상하라

마크 도미오카 지음
전새롬 옮김

비전코리아

프롤로그

내가 '마크'가 아니었던 시절

'마크 도미오카'

내가 명함을 내밀면 신기한 표정을 지으시는 분들이 있다. 나는 연예인도 아니거니와 재미교포도 아니다. 싱가포르나 홍콩을 거점 삼아 활동하는 화교 비즈니스맨도 아니다. 나는 마크가 아닌 부모님께서 지어주신 지극히 평범한 이름이 있고 거래소에 상장된 대기업에 근무하는 회사원이다.

그러나 나는 사내외에 '마크'로 알려졌고 실제 그렇게 불린다. 동료나 상사는 물론이요 해외 거래처에서도 "마크 씨 계십니까?"라는 전화가 걸려온다.

세계 곳곳의 비즈니스 네트워크를 관리하고, 정기적으로 200명이 넘는 외국인들을 상대로 강연 활동을 하는 내게 '마크'는 지극히 자연스러운 이름이 되었다.

이 책은 세계 76개국 경영자들과의 협상을 통해 터득한 기술을 알려주고, 동시에 국내는 물론 해외에서도 통하는 협상력을 키우기 위한 책이다.

'협상력 책이라면서 웬 저자의 묘한 이름 이야기나 늘어놓는지?'

고개를 갸우뚱거릴 독자를 위해 설명하자면 협상력이란 나에 대한 인상을 상대방에게 남기는 기술, 그리고 비즈니스의 성공은 물론이요 인맥관리로도 연결되는 기술이다.

흔히 말하듯이 협상력에는 '나를 어필하는' 요소가 필수다. 국가를 불문하고 최고의 협상전문가들은 마주앉은 상대방을 어떻게 대할지, 내 인상을 어떻게 남길지를 항상 의식한다.

물론 어필만 한다고 진정한 협상력을 갖추게 된다는 말은 아니다. 이 책에 소개할 다양하고도 복합적인 기술을 갖추어야 한다.

그러나 협상가에게는 나를 어필하는 기술, 다시 말해 '주목받는 사람' '인상적인 사람'이 되는 기술은 휴대전화나 컴퓨터만큼 없어서는 안 될 기본적인 필수 인프라다.

'내가 마크가 아니었던 시절'을 소개하면 여러분께 도움이 될 것이다.

일본 기업에 근무하는 회사원이면서 '마크'로 불리는 사람은 흔치 않다. 내 이름은 좋고 싫고를 떠나 '인상에 남는 이름'임에는 틀림없다.

물론 처음부터 내 이름이 마크는 아니었다. 처음에는 지극히 평범한 이름으로 사회인으로서 첫걸음을 내딛었다. 대학 졸업 후 대기업의 신입사원이 된 나는 해외영업부로 발령을 받았다.

첫 업무는 전화 받는 일이었다. 전화가 걸려오면 누구보다도 먼저 받아 선배나 상사에게 연결하는(신입사원이 하는 대표적인 단순업무) 업무였다.

하지만 사회상식이 부족했던 나는 전화응대가 서툴러 늘 상사에게 "전화 한 통 제대로 못 받나!"라며 잔소리를 들었고, 상사의 고함에 나는 더 위축되어갔다.

이 정도는 나의 좌충우돌 실수담의 서막에 불과했다.

입사한 지 3개월이 지난 초여름, 조용한 사무실에 전화벨이 요란하게 울렸다.

"예, ○○사 해외영업부입니다."

처음보다 전화응대에 익숙해진 나는 활기차게 전화를 받았다. 그런데 수화기 너머로 잡음과 함께 평소와 다른 분위기가 느껴졌다.

"Hello, this is John speaking. Can I……."

당시로서는 드문 국제전화였다.

지금에야 영어로 써놓았지만 그 당시에는 "헬로우"말고는 상대방이 무슨 말을 하는지 도통 알아듣지 못했다. 상대방이 사용하는 언어가 영어라는 정도만 알았다. 그때 내 토익 점수가 320점, 그것도 '어쩌다 잘 나온 점수'였으니 그럴 만도 하지 않겠는가.

오후의 사무실은 여느 때보다 고요했다. 본격적인 더위에 앞서 냉방이 되고 있는 상태였음에도 수화기를 쥔 왼손에 땀이 차기 시작했다.

'상사나 동료들이 다들 내가 어떻게 하나 귀를 기울이고 있을 텐데……'

'아무 말도 안 하면 다들 수상하게 여길 텐데……'

"여보세요. 해외영업부입니다. 여보세요. 여보세요? 이상하네. 뭐야, 잘못 걸려온 전화인가?"

나는 영어로 지껄이는 상대방에게 아랑곳하지 않고 어설픈 연기를 하며 전화를 끊었다. 보잘것없는 자존심과 다른 직원들이 "저렇게 쉬운 영어도 모르나?"라고 흉볼까 봐 거래처를 상대로 무례하게 대응한 것이다.

슬픈 데뷔전은 이렇게 어둠 속에 사라졌다.

그러나 도저히 이 사실을 숨길 수 없었던 유일한 사람, 그것은 다름 아닌 내 자신이었다. 한심한 내 모습이 뇌리에 뚜렷이 새겨진 채 잊히지가 않았다.

이후 큰맘 먹고 죽기 살기로 영어에 매달린 내게 드디어 '첫 기회'가 찾아왔다. 스물일곱 살 때 해외출장 명령이 떨어진 것이다.

'드디어 꿈이 이루어지는구나! 기필코 세계를 무대로 눈부시게 활약하

는 비즈니스맨이 될 테다!'

내 가슴은 기대로 한껏 부풀었다. 국내는 물론이요 국제적으로 통하는 협상을 하는 게 당시의 내 꿈이었으니까.

그러나 이 출장은 '기회'가 아니었다.

엄연히 말하면 내 스스로가 이 '기회'를 '오점'으로 만들고 말았다.

혼자 떠난 첫 출장지는 유럽이었다. 그런데 상대편인 독일인과 영국인들은 "아무것도 모르는 일본인이 왔다"고 얕보았고, 일방적으로 주장만 밀어붙였다. 나는 그저 당황하고 허둥댄 나머지 굽실거리다 진이 다 빠져, 협상은커녕 무엇 하나 성과도 올리지 못한 채 무거운 발걸음으로 귀국한 게 전부였다.

그때 내가 힘들었던 이유는 비단 비즈니스 실수 때문만이 아니었다.

그 누구도 아니었던… 나! 나 때문에 가장 힘들었다.

'마크 도미오카'도 아니고 '도미오카 마사시'라는 비즈니스맨도 아닌, 그저 '아무것도 모르는 일본인'이었던 나. 나는 개인의 이름도 특징도 그 어떠한 인상도 없는 '일본 회사에서 온 심부름꾼'에 불과했던 것이다.

이후 말 그대로 빈껍데기가 된 나는 국내영업으로 발령을 받았다.

신규개척 영업담당이라는 버젓한 직함 이면에는 회사가 '자네한테 해외 비즈니스는 못 맡기겠어. 국내라도 중요한 고객을 상대로 하는 협상은 맡길 수 없지'라고 낙인을 찍은 것이나 다름없었다.

그날 이후로 내게 찾아온 날들은 더욱 비참했다.

방문처의 문전박대는 기본이요, 어렵사리 만나도 "지금 바빠요, 나중에요"라고 내쫓기는 날들이 계속되었다.

내 설명을 듣는 고객들의 잔뜩 찌푸린 얼굴이 지금도 생생하다. 회사에 나가기 싫어지기까지 그리 오랜 시간이 걸리지 않았다.

'다들 나를 바보로 안다.'

'나를 천대한다.'

참담함에서 모락모락 피어오르는 자격지심.

사람은 이럴 때 무너지기 쉽다.

그러나 나는 자기혐오에 빠지면서도 스스로에게 "왜?"라는 물음을 계속 던졌다. 앞으로 나아가려면 '병의 원인'을 찾아내야 한다는 사실을 무의식중에 깨닫고 있었던 것 같다.

'왜 남들이 나를 존중하지 않을까?'

'왜 남들이 내 말에 귀를 기울이지 않을까?'

'이게 다 영어를 못해서 그런가?'

끊임없는 물음을 통해 나는 내게 결여된 결정적인 요소를 찾아냈다.

그것은 영어가 아니었다.

바로 상대방에게 내가 어떤 사람인지 전혀 어필하지 않았던 것이다. 이 야말로 사람들이 나를 '이름 없는 일본인'으로 얕본 가장 중요한 원인이었다!

상품을 파는 것도 커뮤니케이션이나 협상을 하는 것도 사람이다. 그러나 거기에 투입되는 사람이 아무런 특징도 없는 '사원 A'라면 그를 대신할 사람은 얼마든지 있다.

"한번 만나면 상대방이 절대 잊지 못할 존재가 되어라."

국내외를 막론하고 협상에서 가장 중요한 포인트를 깨닫고 나는 변했다. 다시 해외에 협상을 하러 갈 기회가 왔다. 이번에야말로 변화할 수 있는 확실한 기회였다. 그렇게 국제협상을 통해 스스로를 어필하는 방법은 물론 국적을 넘어 상대방과 좋은 관계를 만드는 처세술, 원활한 커뮤니케이션 기술, 협상 노하우를 '바다 건너 현장'에서 만난 많은 사람들을 통해 배웠다.

유대인에게는 상대방을 기분 좋게 만들면서 협상을 이끄는 기술.
아랍인에게는 감성으로 협상을 원활하게 진행하는 기술.
이탈리아인에게는 벗이 되어 동등하게 겨루는 기술.
상대방의 마음을 사로잡아 자신도 모르게 YES를 외치게 만드는 기술.
인상에 남을 스피치로 상대방에게 주목받는 기술.

내게 이런 기술을 터득할 수 있게 해준 세계 일류의 협상전문가들에게 늘 감사한 마음뿐이다. 특히 '협상의 최고 달인'이라 불리는 한 유대인과의 만남은 내 인생을 크게 바꿔주었다. 그의 가르침은 '세계 최강의 상인'으로 불리는 유대인들에게도 YES를 받아낼 수 있는 협상력의 초석이 되었다.

　내가 YES를 얻어낸 유대인은 거의 3000명에 육박한다. 이즈음 작은 '오해'를 계기로 나는 '마크 도미오카'로 새로 태어났다. 지금은 어느 나라에 가도 모두가 나를 '마크'라고 부른다. 비즈니스 파트너든 친구, 혹은 쟁쟁한 협상 상대든 나를 그 누구도 아닌 '나', 마크 도미오카로 부르고 두 팔을 벌려 환영해준다.

　세계 각국의 협상전문가들에게 협상에 대해 하나하나 배우면서 나는 이름 없는 아무개에서 나만의 스타일과 위치를 갖춰나갔고, 사내외에서 높은 평가를 얻게 되었다. 이제 이 책을 통해 그 노하우를 여러분과 공유하고자 한다.

　　최고의 협상전문가, 최고의 커뮤니케이션 달인이 되는 법
　　국가와 가치관이 다른 상대방에게 YES를 얻어내는 법
　　협상 테이블에서 돋보이는, 인상적인 존재가 되는 법

　지난 20년 동안 76개국을 방문했으니 비행기 이동시간만 6천 시간이 훌쩍 넘는다. 그 방대한 시간 동안 내가 직접 부딪히며 터득해온 기술을 이 책에 소개하겠다. 1만 명의 외국인들을 상대로 협상하고 성공을 거둔 비법을 잘 활용하길 바란다.

　이 책에서 밝히는 노하우는 국내 협상에도 크게 도움이 될 것이다. 아

직 널리 알려지지 않은 협상 기술을 가득 담았기 때문이다.

  협상 기술이란 반드시 영업사원에게만 필요한 기술이 아니다. 일반 비즈니스맨, 기업가에게도 꼭 필요하다. 협상을 잘하느냐 못하느냐에 따라 성공이 좌우되는 시대이기 때문이다.

  내 젊은 시절의 부끄러운 실패담을 비롯한 에피소드들과 함께 편안하게 책을 읽기를 바란다.

2008년 봄 두바이에서
마크 도미오카

Contents

프롤로그 내가 '마크'가 아니었던 시절 • 4

chapter 1.
평범한 회사원에서 협상전문가가 되게 해준 유대인과의 만남

무너진 협상 스타일 • 20
협상의 애피타이저는 '소프트 비즈니스' • 22
가장 까다롭다는 유대인과의 만남 • 25
자신에 대해 유머러스하게 이야기하기 • 28
'삼각포지션'으로 협상 분위기 주도하기 • 31
'교사의 눈높이'로 주목받기 • 35
'아젠다 작전'으로 시간감각 키우기 • 38
첫 발언권을 양보해 논리적으로 주장을 무장시키기 • 42
'사실'과 '자기 의견' 구분하기 • 47
숫자를 잘 다루어 주목받기 • 50
'상대방을 알아가는' 점심시간 • 54
장소는 내게 유리한 곳으로 택하기 • 57
복장은 회사의 얼굴, 가방은 미니오피스 • 60
유대인이 눈여겨보게 만들기 • 63

chapter 2.
세계 76개국에서 배운
밀리지 않는 협상 기술

국제 협상 전에 알아둘 3가지 포인트 • 70
'코너로 몰아 주도권을 쥐는' 미국인 • 73
'분위기를 띄워 성공하는' 이탈리아인 • 77
'와인, 식사, 대화로 서로를 알아가는' 스페인인 • 82
'상대방이 마음에 들면 다 받아들이는' 아랍인 • 89
'질문 세례로 OK를 이끌어내는' 인도인 • 95
'위기를 간파하는' 중국인 • 98
'틀린 주장으로도 승리를 거두는' 독일인 • 104
'잡담 속에 주장을 섞는' 프랑스인 • 108
'당해낼 재간이 없는 끈기의 달인' 유대인 • 112
어느 나라에서나 '해외출장을 즐기는' 기술 • 116

chapter 3.
쉽게 넘어오지 않는 상대에게 'YES'를 이끌어낸 기술

- 협상이 서툰 '원인' 짚어내기 • 124
- YES와 NO를 자유롭게 컨트롤하기 • 127
- '80대 20' 법칙을 염두에 두기 • 130
- 협상 목적과 목표는 확실하게 적어두기 • 134
- 양보할 수 없는 선 긋기 • 139
- '중점 포인트'를 먼저 말하기 • 141
- 결렬도 불사하겠다면 자리를 박차고 나오기! • 145
- 답변을 보류할 용기 갖기 • 150
- 섣부른 지식으로 대응하지 않기 • 154
- 제안사항을 잘게 쪼개어 요구하기 • 157
- 상대방이 거절할 만한 조건을 던지기 • 161
- 기분 좋게 YES를 말하게 만들기 • 165
- 격언이나 현자들의 말 빌리기 • 167
- 주저하면 결단을 도울 만한 '계기' 제공하기 • 170
- 최종결정을 망설이면 벌떡 일어나서 악수하기! • 173

chapter 4.
협상은 끝나도 계속되는 비즈니스를 위한 윈-윈 기술

원하는 행동을 먼저 해주기 • 178
현명한 대체안 찾기 • 181
간발의 차이로 이기기 • 185
입장 바꿔 생각해보고 공격 중단하기 • 188
'경청'은 훌륭한 윈-윈 툴! • 192
'질문력'으로 본심 끌어내기! • 194
시비 건다고 바로 응수하지 않기 • 197
10분 브레이크 효과 • 200
'관대한 경제관념'은 존경받지 못한다 • 205
비즈니스+α 관계 만들기 • 208
유리한 계약서 작성법 • 210
윈-윈 협상 '과외수업' • 213
국민성을 살려 윈-윈 관계를 만들기 • 216

에필로그 내가 '마크'가 된 까닭 • 218

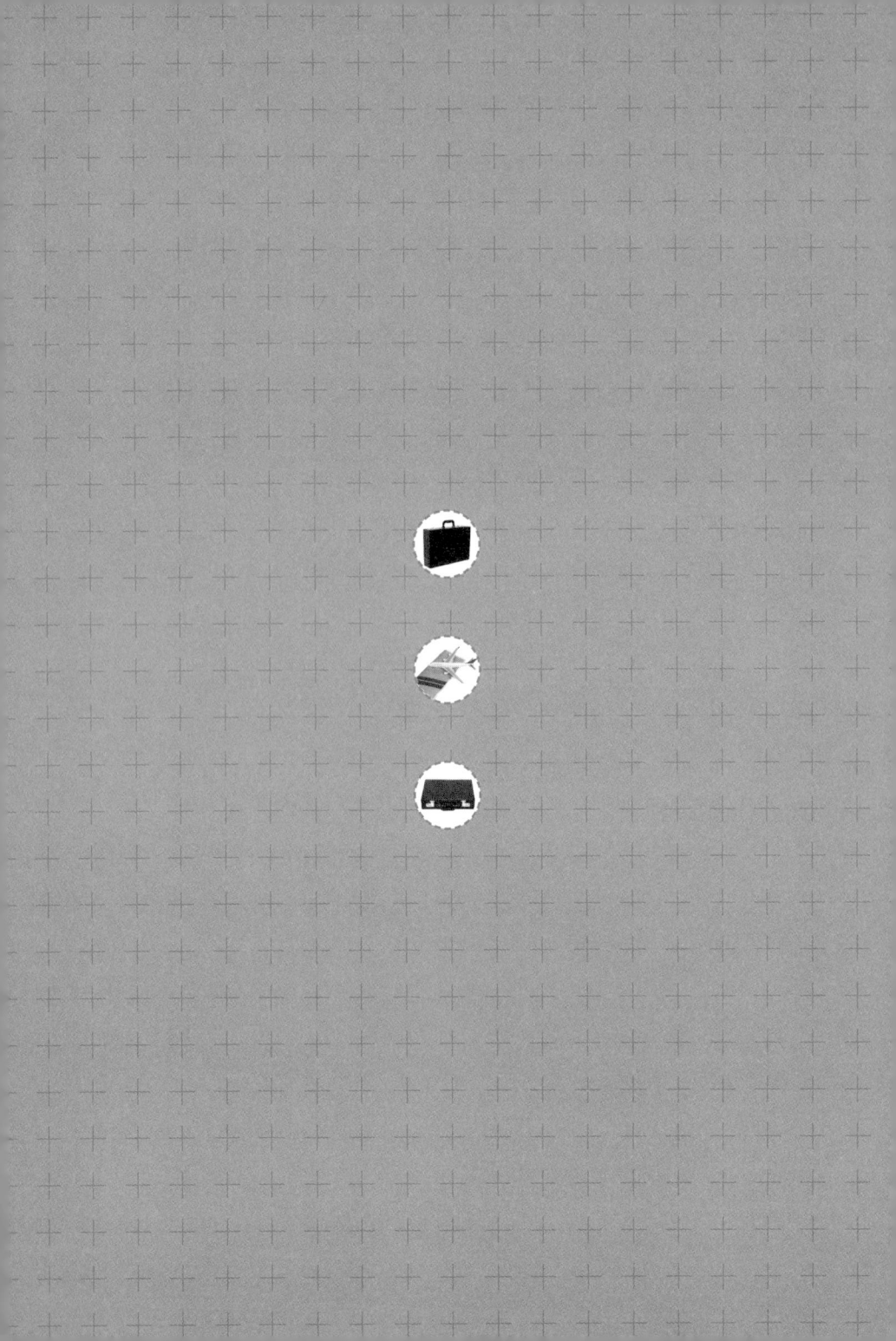

Chapter 1

평범한 회사원에서
협상전문가가
되게 해준
유대인과의 만남

무너진
협상
스타일

 국제전화를 잘못 걸려온 전화처럼 대응하고 끊어버린 한심한 신입사원. 스물일곱에 처음 다녀온 해외출장에서는 아무런 성과도 없이 처량하게 귀국한 신입사원.

 이랬던 내가 '한번 만나면 잊지 못할 존재가 되어야 하는' 중요성을 깨닫고는 뼈아픈 경험을 발판 삼아 업무 스타일을 바꾸고 나서야 회사에서 인정받기 시작했다.

 그 후 독일과 네덜란드에 부임해 6년 동안 세계 각국의 비즈니스맨들을 상대로 협상에 임했다. 경력도 10년차에 접어들고 한창 사회생활도

왕성한 30대가 되자, 자신감도 붙고 내 나름대로 협상 노하우도 터득했다고 생각했다. 미국이나 유럽의 막강한 협상전문가들을 상대로 밀어붙이기 스타일로 승승장구하면서 나는 더 이상 배울 게 없다며 우쭐해 있었다. 그러나 그것은 어디까지나 나 혼자만의 생각에 불과했다.

그런 나를 무너뜨려준 고마운 사람이 뮌헨에서 만난 마이어였다.

'협상이란 나를 어필함과 동시에 상대방을 알아가는 과정이다.' 반드시 내 목적을 달성해야 하는 한편 상황별로 서로가 수긍할 수 있는 타협점을 찾아야 한다. 이런 여러 요소들이 복합적으로 얽혀 있는 만큼 협상은 '내 스타일'만 고집한다고 되는 수월한 과정이 아니다.

협의차 유대인 마이어와 만났을 때 자신감 넘치던 서른세 살의 나는 그를 '감히 그림자도 밟지 못할 훌륭한 사람이다!'라고 생각했다.

이런 만남은 결코 굴욕이 아니다. 오히려 행운이었다.

두 손 두 발 다 들 만한 상대를 만나면 괜히 자존심 상할 필요 없이 상대방에게 배울 점을 배우면 된다.

영어에 'Broken Open'이라는 말이 있다. 해석하자면 "봉오리를 터뜨리는 아픔을 감내해야 꽃이 핀다" 정도의 뜻이 될 것 같다. 독학으로 닦아놓은 기초가 최고의 협상 달인에 의해 무너지면서 오히려 내 협상 스타일은 꽃을 피워 지금의 형태로 자리 잡았다.

협상의
애피타이저는
'소프트 비즈니스'

동양 문화권에서 상대방을 존중하고 대접하는 예절은 훌륭한 기술이다. 서양 문화권에서는 호텔이나 레스토랑 등의 서비스업 종사자가 업무로서 고객을 접하는 경우를 제외하면 일반적인 비즈니스에서 남을 친절하게 접대하는 일은 없다.

그러나 동양인, 특히 일본인들은 비즈니스 석상에서도 상대방을 배려하고 존중하는 태도를 보인다. 작은 선물을 건네는 문화나 접대문화뿐만 아니라 협상 상대를 '손님'으로 대하는 태도가 그렇다.

'낡은 풍습이다' '국제기준과 다르다'는 이유로 하찮게 보는 경향도 있으나 다가올 보더리스(Borderless:탈경계화) 시대에는 반드시 강점이 될 것이다.

그런데 배려의 훌륭함을 깨닫게 해준 사람은 아이러니하게도 상대하기 가장 까다롭다는 유대인 마이어였다.

1990년대 중반.

나는 암스테르담에서 비행기로 뮌헨으로 이동했다. 독일의 신규대리점 후보와 협의하기 위해 협상 하루 전에 현지에 들어가는 길이었다. 공항에는 상대 회사에서 보내준 BMW가 대기하고 있다가 나를 시내 일류 호텔로 데려다주었다. 벤츠 정도는 독일에서 택시로 이용될 만큼 평범한 차량이기에 나를 기다리는 매끈한 검정 BMW가 한층 돋보였고 기분이 좋았다.

안내된 고급스러운 방에는 웰컴 후르츠(호텔 객실 내 준비되어 있는 과일)와 아름다운 꽃이 놓여 있었다. 짐을 풀고 있자 지배인이 드라이한 화이트 와인을 손수 가져다주었다. '대접'이라는 개념이 없는 유럽에서 좀처럼 경험하기 힘든 VIP급 대우다.

여기까지 오자 기쁨보다는 "대체 무슨 꿍꿍이속이지?"라는 불안감이 스쳤다. 게다가 지배인은 흰 봉투까지 내밀었다. 마이어가 보낸 메시지란다.

"뮌헨에 오신 것을 환영합니다! 체펠린 테히니크 사의 마이어입니다.

마크 씨, 반갑습니다. 내일 일정을 위해 편안하게 휴식을 취하시기 바랍니다."

그리고 뒤이어 다른 볼일이 있어 저녁식사를 함께할 수 없으니 원하는 식사를 룸서비스로 신청해서 드시기 바란다, 내일 아침 8시 반에는 호텔로 모시러 오겠다, 무슨 일이 있으면 비서 스테파니아를 통해 연락이 닿도록 하겠다, 전화번호는 ○○○다 등등. 편지에는 오늘밤 만나지 못한 데 대한 사과와 함께 꼼꼼한 배려사항이 적혀 있었다. 방금 의심했던 마음이 사르르 녹고, 나는 거기에 쓰인 글을 있는 그대로 받아들였다.

'마이어란 사람, 분명 좋은 사람일 거야.'

비즈니스라이크(businesslike 사무적이고 실리적인)한 유럽생활을 오래 하면서 잊고 살던 감각이었다. 비즈니스가 아니라도 새로운 만남임에는 틀림없으니 첫인상, 특히 초면을 넘어 '만나기 전의 인상'을 좋게 해두면 손해 볼 일은 없다.

아무리 협상이라도 전쟁이 아닌 이상, 상대방이 호감을 느낀다면 뒤이은 거래가 원만하게 진행될 가능성이 높다. 까다로운 계약을 성사시키고 싶을 경우에는 특히 사전에 상대방이 나를 마음에 들게 만드는 것이 절대적인 첫 조건이다.

어느새 소홀히 여기고 살던 '배려의 마음'을 안주 삼아 화이트 와인을 마시며 그날 밤 기분 좋게 잠자리에 들었다.

가장 까다롭다는
유대인과의
만남

다음 날 아침, 호텔에 나타난 협상 상대인 마이어는 40대 초반의 훤칠한 미남이었다. 금발에 환한 미소, 눈길을 사로잡는 빼어난 용모의 마이어는 편안하고 솔직했다. 그는 직접 차를 몰고 나를 데리러 와주었다.

운전을 하면서도 어젯밤에 잠은 잘 잤는지, 차 안의 에어컨 온도는 괜찮은지, 꼼꼼하게 나를 챙기며 자신의 이야기를 꺼냈다.

제2차 세계대전 직전에 유대인인 마이어의 부모는 독일을 떠났고, 그는 미국에서 태어나 자랐다는 이야기, 독일에는 10년 전에 왔고 이곳이 비즈니스의 거점이라는 이야기 등등. 자신에 관한 이야기를 들려주었다.

'미국에서 자란 유대인이라…….'

만만찮은 상대가 틀림없다는 생각에 정신을 다잡았다.

이제까지 미국인의 거센 주장을 수없이 겪어왔던 나였다. 또 유대인이라 하면 상대하기 어렵기로 소문난 협상의 프로들이다. 이탈리아, 프랑스, 네덜란드, 독일 등 유럽을 중심으로 협상을 해온 나로서는 유대인이란 가장 협상을 잘하고 그만큼 가장 힘겨운 상대라는 인상으로 남아 있었다.

농업과 제조업이 중심산업이었던 중세 유럽에서는 그 어느 것도 유대인에게 허용되지 않았다. 그들은 먹고살려면 틈새산업, 즉 행상인, 대금업자, 양장점, 의류수선, 서기, 교사, 물 나르는 일 등을 생업으로 삼아야 했다.

그러나 놀랍게도 당시 천대받던 이런 직업들이 오늘날에는 비즈니스의 주류를 이루고 있다. 행상인은 소매점에서 상사까지 모든 상거래에 해당되는 일을, 대금업자는 은행, 투자 등의 금융업, 양장점은 디자인이나 의류회사, 서기는 컨설턴트나 작가, 물 나르는 사람은 운송업……. 달리 말해 유대인은 농업이나 제조업처럼 좁은 커뮤니티에 갇혀 하는 일이 아닌, 타 업종 또는 다양한 고객과 복잡하게 얽혀야 하는 직업에 진작부터 종사해온 셈이다.

또한 유대인은 세계 각지에서 학대받는 유랑민족이었기에 땅이라는 부동산을 소유할 수 없었다. 그래서 '품에 지니고 다닐 수 있는 작은 재산', 즉 돈이나 보석을 비축해야 했다. 당연히 남보다 '돈 버는 지혜'를 더 많이 쌓을 수밖에 없었고, 그러다보니 주위 사람들의 질투와 시기를 받았다.

그래서 그들은 돈을 버는 지혜와 함께 '돈을 벌어도 미움 받지 않는 지혜'를 삶의 역정 속에서 터득하기 시작했다. 이것이 바로 협상기술이다.

역사가 일궈낸 협상력이 그들의 DNA를 통해 대대로 맥을 잇고 있었다. 내가 만나온 유대인들은 그런 지혜로운 모습을 실감하게 만드는 사람이 많았다. 그들은 예기치 못한 돌발 상황에도 '반드시 해결의 실마리가 있다'는 전제로 바로 행동에 나선다.

"실패는 언제든 있을 수 있다. 실패를 고난으로 여기면 위기에 진다."

이렇게 역경에 강한 유대인 협상가들을 작은 일에도 호들갑을 떨며 우왕좌왕하던 젊은 시절의 나로서는 당해낼 재간이 없었다. 쾌적한 차 안에서 나는 몸을 부르르 떨었다.

자신에 대해
유머러스하게
이야기하기

 내가 바짝 긴장한 낌새를 알아차렸는지 마이어는 잡담을 시작했다.

"저는 어제 함부르크로 출장을 다녀왔어요. 공항에 가니 탑승게이트에서 뮌헨행 비행기까지 버스로 이동하라고 하더군요. 버스는 2대였고 승객은 80명 정도였는데 막상 가보니 비행기가 경비행기만큼 작은 겁니다! 비행기에 대해서 아무것도 모르는 제가 봐도 커봐야 30인승 정도밖에 안 됐어요."

"공항직원의 안내대로 움직였는데도 그런 일이 벌어졌어요?"

놀라서 반문하자 마이어는 쿡쿡대며 웃었다.

"네, 아주 훌륭하신 직원분이 계시던걸요. '차례대로 타세요!'라고 명령조로 안내하던 직원은 막상 다 태우고 나서야 좌석이 모자란 걸 안 거예요. 다시 고압적인 지시를 내리더군요. '자, 빨리 버스로 돌아가세요!'라고. 그때 어떤 사람이 이런 지시를 했어요. '승객 여러분, 이 비행기의 탑승인원은 30명입니다. 버스에 마련된 제비뽑기에 당첨되시면 뮌헨에 돌아가실 수 있습니다. 자, 어서 버스에 타시죠!'"

"설마!"

놀라는 나를 곁눈질하며 마이어는 금발의 턱수염에 손을 댔다.

"추첨이 있다고 안내한 사람은 수염이 있는 키 큰 금발의 남성이었어요. 가만 보니 직원이 아닌 것 같았죠. 실은 저였으니까요."

나도 모르게 풉! 웃음을 터뜨리고 말았고, 우리는 마주보고 크게 웃었다.

"독일인이란 현황을 숨김없이 드러내는 장점은 있지만 잘못은 인정하지 않습니다. 결국 버스로 돌아가서 다른 비행기를 탔습니다만 사과는 한 마디도 받지 못했어요. 왜들 그러는지 모르겠어요. 독일인들이 사과할 줄 모르는 건 마크 씨도 잘 아시겠네요. 참, 마크 씨는 지금까지 어떤 일을 하셨습니까?"

"아, 제 첫 부임지가 독일이었거든요. 한 2년을 살면서 다양한 독일 분들을 만났죠."

나는 그의 손에 이끌리듯 자연스럽게 내 소개를 했다.

본론에 들어가기 전에 가벼운 농담으로 긴장을 푸는 것은 협상에서 기본 중의 기본이지만 분위기를 자연스럽게 이끌어가는 테크닉은 고급 테크닉이다. 나는 혀를 내둘렀다.

그러나 더욱 놀라운 상황은 그 뒤에 있었다.

그는 내 첫 부임지가 독일이었고 다음 거점을 네덜란드에 마련하려고 했던 나의 직무 프로필을 이미 알고 있었던 것이다. 우리 회사와 협상이 결정 난 시점에서 담당자인 나에 대해 사전조사를 했다고 한다. 나중에 지인을 통해 가족 구성까지 알아두었다는 말에 크게 놀랐다.

협상에 임하기 전에 상대방에 대해 알아두는 것은 필수조건이다. 그러나 대놓고 당신이 어떤 사람인지 다 안다는 식으로 말한다면 상대방은 마치 스토킹당한 느낌을 받아 불쾌감을 느끼고 경계하게 될 것이다.

마이어는 우선 자기가 어떤 사람인지부터 드러내어 내가 자연스럽게 이야기를 꺼낼 수 있는 분위기를 만들었다. 긴장이 풀리고 마음이 편안해진 나는 스토커는커녕 '나라는 사람을 알기 위해 열심히 노력했다'는 인상을 받고 나서 기분 좋게 내 이야기를 할 수 있었다.

게다가 마이어의 태도는 처음부터 끝까지 친절하고 시원시원했다.

'삼각포지션'으로
협상 분위기
주도하기

체펠린 테히니크 사의 대표는 슈미트라는 이름의 험상궂은 얼굴의 남성이었다. 눈웃음 없는 차가운 미소인 것을 보니 빈틈없는 성격의 소유자인 듯했다. 나는 회의실 안에 차분하게 놓인 검은 가죽으로 된 소파에 자리를 잡았다. 그런데 마이어는 내 맞은편에 앉지 않았다. 그는 내가 직접 협상할 상대는 슈미트 대표이고, 자신은 체펠린 사의 컨설턴트라는 입장을 표명한 셈이다.

보통은 슈미트 대표와 마이어가 나란히 앉아 협상 상대인 나와 직선 형태로 마주보는 2대 1 대결태세로 앉는다.

그러나 마이어는 슈미트 대표와의 거리가 나보다 약간 가까울 뿐, 마치 중립을 강조하듯 세 사람이 각각 삼각형의 꼭지가 되도록 자리를 잡았다.

앉는 위치까지 신경을 쓸 필요가 있냐고 반문하는 독자도 있을 것이다. 그러나 앉는 위치를 절대로 가볍게 보지 말라. 비즈니스에는 상석과 하석이라는 개념이 있고, 어떤 위치에 앉느냐에 따라 심리적으로 큰 영향을 받는다. 실제 그날 나는 협상에 임하면서도 압박감을 전혀 느끼지 않았고 편안했다. 이 협상은 양사가 제휴 여부를 놓고 동등한 입장에서 협의하는 자리였기 때문에 화기애애한 분위기로 진행할 수 있었다.

그러나 이미 거래 중인 회사와 어떠한 현안을 놓고 해결해야 하거나, 제휴는 결정되었으나 조건 면에서 세부사항을 결정해야 한다면 상대방을 위압하는 분위기로 진행해야 유리할 수도 있다.

원하는 진행방식에 따라 앉는 자리까지 신경 쓰는 것이 유대인 협상가의 지혜다.

마이어의 뒤에는 화이트보드가 마련되어 있었다. 그는 일부러 화이트보드와 가장 가까운 자리를 차지했다. 이유는 즉시 드러났다.

"그럼 오늘의 아젠다(검토과제)를 확인할까요?"

마이어는 즉 일어나더니 화이트보드에 안건을 하나하나 써내려갔다. 그는 어느새 협상의 사회자이자 내비게이터가 되었다. 즉 그는 따로 언급하지 않고도 '내가 이 자리를 컨트롤한다'고 자연스럽게 표명한 셈이다.

보통 협상에는 사회자가 없다. 그러나 아무리 1대 1이라도 사람이 모인 이상 어느 한쪽이 그 자리를 컨트롤하고 진행을 도맡게 된다. 네비게이터가 공평하게 진행한다고는 해도 아무래도 주도권을 쥐면 협상을 내게 유리한 순서로 진행시킬 수 있다. 토의 내용이 의도와는 다른 방향으로 빗나갈 기미가 보이면 궤도 수정도 가능하다. 그만큼 협상이 유리해진다.

인원이 많은 회의라면 더더욱 내비게이터 역할을 자청하도록 하자. 내가 분위기를 주도할 기회를 확보할 수 있다.

회사에서 이루어지는 일반적인 회의만 봐도 진행자의 캐릭터에 따라 분위기가 지루해지는가 하면 화기애애하고 활발한 회의가 이루어지기도 한다.

'나는 이번 협상을 어떤 분위기로 이끌어가고 싶은가?'

마이어는 앉는 위치 하나로 분위기를 컨트롤하는 권한을 확보해 보였다.

그림 1-1 앉는 위치에 따라 좌우되는 협상 분위기

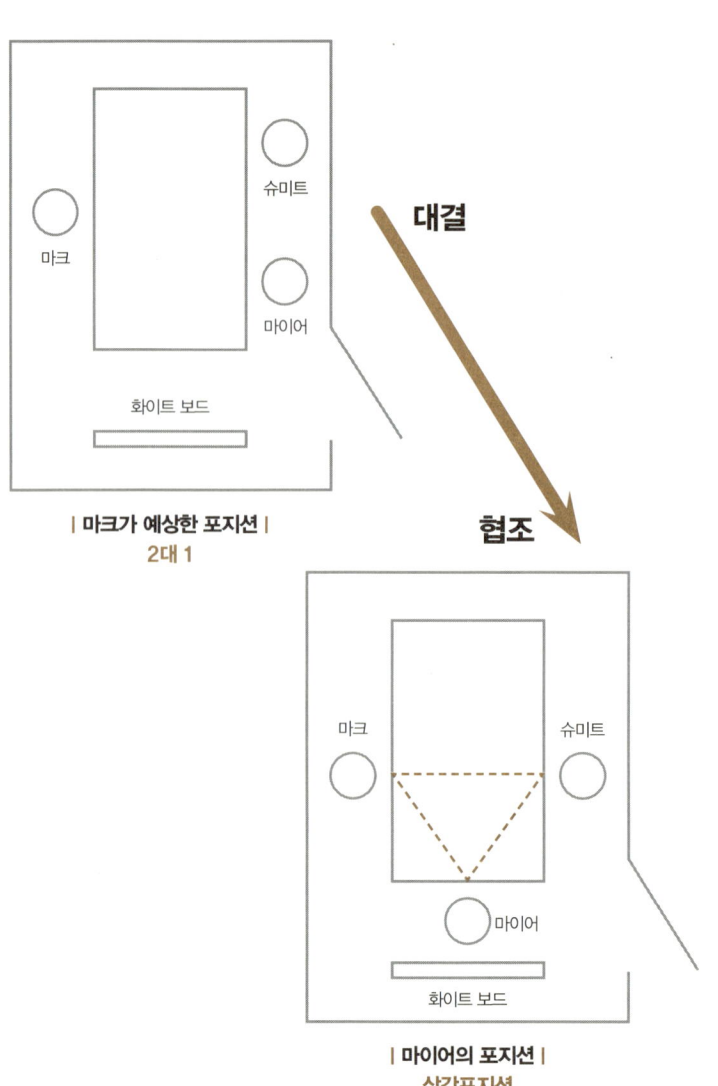

'교사의 눈높이'로 주목받기

작은 애완견을 데리고 나가서 품에 안고 다니면 애완견 정서교육상 좋지 않다는 이야기를 들은 적이 있다. 작은 개는 큰 개보다 성격이 드센 경향이 있는데, 여기에 주인에게 안겨 눈높이까지 높아지면 한껏 기세등등해진다는 이야기다.

예를 들어 키 큰 남편이 치와와를 안고 키가 작은 부인과 나란히 걸어가면 치와와는 '이 여자보다 내가 더 강하다'고 느껴 부인의 말을 듣지 않는다. 모든 동물에게는 이런 식으로 눈높이를 통해 상하관계를 느끼는 본능이 있다. 인간도 마찬가지다. 교실에서 학생들이 교사의 지시에 따르는 이유는 학생들은 앉아 있고 교사는 서 있기 때문이다. 교단을 바닥면보다 높게 만든 이유는 모든 학생을 둘러본다는 목적 외에 교사의 지배력을 높이는 효과가 있기 때문이다.

반대로 홈룸 시간(학생들의 건전한 학교생활을 위해 선생님의 훈육이나 학생 간 토의를 나누는 시간)에 교사는 의자에 앉아 시선을 낮추어 학생들과의 거리를 좁히려고 하고, 화목한 분위기를 조성해야 하는 초등학교 야외수업에서는 들판에서 학생과 둥글게 모여앉아 수업을 진행하곤 한다.

협상은 친목 모임이 아니다. 반드시 'YES'를 받아내고 싶다면 본론에 들어갈 때 '교사의 눈높이'를 확보하도록 하자.

마이어는 화이트보드를 활용하여 이 눈높이를 지극히 자연스럽게 확보했다. 보드에 안건을 적어 넣기 위해 일어서는 순간, 마이어는 나와 슈미트 대표보다 높은 '교사의 눈높이'가 되었다.

이때 '내비게이터'는 그 자리를 유리하게 리드할 수 있고, '교사'라면 상대방보다 강한 입장을 취할 수 있다. 또한 일어서게 되면 공간 활용도가 높아져 팔이나 손을 이용한 제스처도 자유로워진다.

사실 나는 마이어의 발언에 강한 설득력을 느꼈고 훤칠한 키에서 연출되는 바디액션에도 압도되었다. 그렇다고 그의 협상이 고압적이었던 것은 아니다.

이날 이후 나는 협상에서는 반드시 화이트보드 옆에 앉아 내비게이터가 되고, 자리에서 일어나 내용을 '화이트보드'에 적어 넣으면서 '교사의 눈높이'를 활용하고 있다. 특히 힘든 협상일 경우 이런 위치 확보는 필수다.

'아젠다 작전'으로
시간감각
키우기

　　　　　마이어는 화이트보드에 적은 아젠다를 하나하나 가리키면서 추가해야 할 테마는 없는지 나와 슈미트에게 확인했다. 동시에 A4 한 장에 정리한 '오늘의 일정'에 대해서도 설명했다.

"마크 씨, 오늘 스케줄을 말씀드리자면 9시 반부터 회의를 시작해 중간에 잠시 휴식시간을 갖고 12시 반 경에 점심시간을 갖도록 하겠습니다. 오후에 다시 시작하면 한 3시나 4시 경에 끝날 것 같은데 마크 씨 스케줄에 지장은 없으십니까?"

마이어는 마치 여행사 가이드처럼 능숙하게 말하고 싱긋 웃었다.

그러고 보니 그는 사무실에 도착했을 때도 "화장실은 회의실을 나가서 오른쪽 끝에 있습니다"라고 안내해주었다. 나는 그의 세심한 배려에 끌리지 않을 수가 없었다.

그러나 마이어는 단순히 배려만 잘하는 사람이 아니었다. 일정을 문서화하면서 시간을 철저히 관리하고 내게도 거기에 따르도록 요구한 것이다.

슈미트와 나는 "이 시간 안에 모든 협상을 마치도록"이라는 지시를 받은 바나 다름없었다.

많은 사람들이 회의 시작시간은 1분이라도 늦으면 눈을 치켜뜨면서도 종료시간은 아무리 늘어져도 신경 쓰지 않는다. 시작시간이 늦든 종료시간이 늘어지든 시간을 정해두지 않는 협상은 낮은 수준의 비즈니스 스타일이다. 협상이 한 시간이냐, 하루 종일 이어지는 장기전이냐에 따라 협상 방법은 달라진다.

특히 국제비즈니스는 대부분 출장을 가서 협의를 한다. 체류기간도 한정적이거니와 불필요한 회의는 비용 절감 측면에서도 낭비다. 시간을 어떻게 배분하느냐의 문제도 협상에서 중요한 포인트다.

시간을 미리 정해두면 좋은 또 하나의 이유는 상대방이 협상에 불리해졌을 때 있지도 않은 다음 스케줄을 핑계로 빠져나가는 사태를 피할 수 있다는 것이다. 여러 이유에서 아젠다와 함께 타임스케줄을 미리 제시한 마이어의 방법은 이치에 맞았다.

그림 1-2 화이트보드에 적은 아젠다

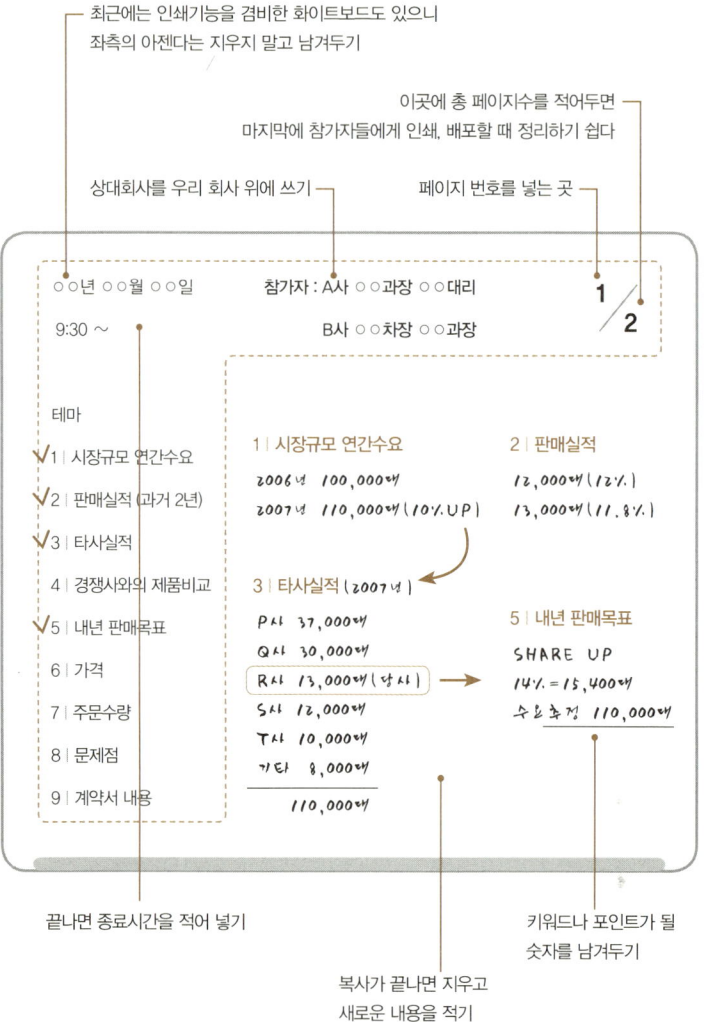

그림 1-3 A4 한 장에 정리된 '오늘의 일정'

| 오늘의 일정 |

일자 : 1994년 4월 25일(월)

장소 : 체펠린 테히니크 본사 A회의실

참가자 : 마크, 슈미트, 마이어

09:30~12:30 소개 및 회의

              오전회의 확인사항 정리

              오후의 테마 확인

12:30~14:00 점심식사

14:00~16:00 오전회의 리뷰

              나머지 테마 협의

              오늘의 합의사항 확인

              의사록 작성

A4

첫 발언권을 양보해
논리적으로
주장을 무장시키기

"그럼 첫 번째 아젠다부터 들어갑시다. 마크 씨, 준비해오신 제안을 먼저 설명해주시죠."

마이어는 그렇게 말하고 자리에 앉았다. 나는 속으로 승자의 미소를 지었다.

목소리 큰 사람이 이긴다고 미국, 독일, 프랑스에서는 내 주장을 강하게 내세워야 유리하다. 상대편이 속사포처럼 자기 의견을 펼쳐 밀리는 경우가 많기 때문이다. 말을 꺼낼라치면 낚아채고 일방적으로 공격해오는 무서운 경험을 신물 나게 겪어왔기에, 나는 그들 식으로 한 마디라도 더 많이 말하는 협상스타일을 고수하고 있었다.

"당사 제품 A를 체펠린 테히니크 사가 독점판매하실 경우 초년도에는 2천 대를 판매 절대조건으로 삼겠습니다. 테히니크 사에는 5천 마르크에 판매하겠습니다. 이 가격은 일본과 독일의 물가 및 경쟁사들과의 가격균형을 감안해서 산출한 최적가입니다. A의 브랜드파워로 본 시장 점유율을 예측하자면……."

나는 한 10분을 신나게 떠들었다.

이제까지 협상할 때 독일인들은 "초년도 판매수량은 2천 대……"라는 말이 떨어지기가 무섭게 "나인! 간츠 니히트Nien! Ganz nicht(절대 안 됩니다)."라며 끼어들고, 다시 정신을 가다듬고 "판매가격은……" 하고 들어갈라치면 원하는 판매가격부터 판매전략, 심지어 가격인하 협상까지 한꺼번에 들먹이며 끝내버리는 경우가 태반이었다. 그런데 마이어와 슈미트는 내가 이야기할 동안 조용히 메모를 하고, 가끔 고개를 끄덕이며 내 말에만 집중하는 것이 아닌가.

설명을 마치자 마이어가 몇 가지 질문을 던졌다. 대답하다보니 또 나만 말하는 상황이 연출되었다. 내 생각, 본사의 요구사항, 검토를 원하는 조건, 이 모든 사항을 모조리 이야기했다.

그때 문득 마이어가 들고 있는 검은색 가죽의 고급스런 노트가 눈에 띄었다. 거기에는 영어 메모와 함께 그림이 그려져 있었다.

일본인은 협상이라는 대화의 장에서 논리적인 공격을 받으면 거의 대부분이 백기를 든다. 이론으로 무장된 이야기는 듣고만 있어도 피곤한데다가 내용은 별것 아닌데도 굉장히 믿을 만하고 훌륭한 의견처럼 느껴지기 때문이다.

과거에 한 일본 기업은 유럽 기업을 M&A로 매수했을 때, 매수한 입장인데도 상대방의 유리한 조건을 고스란히 끌어안았다. 논리적인 협상에 항복해놓고 "그쪽 요구대로 노조 퇴직금과 연금보증 지불의무까지 매수해버리다니……"라며 나중에 머리를 싸매고 고민하는 이들이 일본인이다. 또한 일본인 사장은 직접 현지 인력을 관리하면서도 상대방의 완벽한 이론 무장에 대꾸도 하지 못했다.

그래서 나는 협상을 할 때 조금이라도 더 논리적으로 임하려고 하고, 늘 현장에서 상대방의 주장을 메모한다. 메모를 분석해 그 주장의 원인과 결과만 뽑아보면 요지는 단순한 경우가 많다.

그러나 마이어가 나보다 한층 고수였다. 나에게 발언권을 양보해놓고 내 설명을 메모가 아닌 그림으로 그려갔다! 그림이면 아무리 복잡한 이야기나 진땀을 빼는 협상이라도 한눈에 요점을 알 수 있다.

안 그래도 논리적 사고에 강한 서양인이 한층 논리적인 대응을 위해 도해圖解를 활용하다니, 이 또한 철저히 듣는 입장을 고수했기에 가능한 일이다.

그림 1-4 논리적인 협상 (마이어)

사실·데이터
- 전년도 시장 10,000대
- 경쟁가격 6,000마르크

마크

근거
- 금년 총 수요예측(?) 10,000대
- 경쟁사와 같은 사양·성능

의견·주장
- 판매대리점의 절대조건
- 초년도 2,000대 구입 필요
- 판매단가 5,000마르크
- 대리점 테스트기간 1년

주관적인 의견과 주장이 많고 사실이나 데이터적인 근거가 적으며 제시한 숫자에 억지가 있음

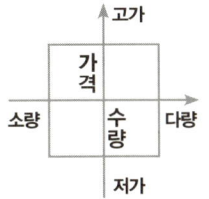

과거	현재	미래
·대리점 후보 검토 2년 ·지명도 0 ·독일 외 판매증가 중	·현재 후보 2개사 (당사와 B사) ·지명도 0 ·생산량 대비 주문량 초과 ·2개월 이내 독일대리점 설정	·당사만=대리점 (1년 테스트기간) ·지명도 오를 것 ·판매원 보강 ·판매네트워크 증가 ·광고비 투입

※시계열로 만들면 한눈에 상황을 파악할 수 있다.

	안①	안②	안③
점유율	20%	15%	10%
판매대수	2000	1500	1000
단가	6,000	6,000	6,000
판매경비	200	250	300
광고비	100	130	200
납품가	5,000	5,000	5,000
이익	700	620	500

(단위 : 천 마르크)

합계

	안①	안②	안③
판매금액	12,000	9,000	6,000
납품	10,000	7,500	5,000
이익	2,000	1,500	1,000
	(16.7%)	(16.7%)	(16.7%)

그림 1-5 상대방 의견 메모하기

의견, 주장
· ○○○○○○○○
상대방이 주장한 내용이나 의견을
항목으로 나열한다.
발표내용을 그대로 받아 적으면
상대방의 의도가 보인다.

원인 (요인)
· ○○○○○○○○
위에 적은 주장이나 의견에
다다른 원인과 요인을
상대방 설명대로 적는다.
상대방 주장의 근원을 알면
해결책이 보인다.

결과
· ○○○○○○○○
상대방의 주장을 받아들여
실행되었을 경우와 그렇지 않을 경우
각각 결과가 어떻게 될지,
그의 설명대로 적는다.

기타 필요 사항
· ○○○○○○○○
상대방의 설명 중 따로
남겨야 할 내용이 있으면
적어둔다.

- 대화를 진행하면서 상대방의 주장을 듣고 내용별로 적어간다.
- 원인과 결과를 보면 상대방의 요구사항을 감안한 해결책이 보인다.

'사실'과
'자기 의견'
구분하기

"마크 씨, 잠시 내용을 정리하겠습니다."

마이어는 검은색 가죽노트에 그린 그림을 보면서 자리에서 일어나더니 화이트보드에 적은 몇 개의 아젠다에 표시를 했다. 그것은 판매대수, 가격, 시장점유율이었다.

"이 세 아젠다를 모두 마크 씨께서 제안해주셨는데, 제 의견을 덧붙여 말씀드리겠습니다."

마이어는 먼저 가격을 가리켰다.

"가격에 대해서는 경쟁사들과 비교해본 결과 적정하다는 생각입니다.

하지만 아쉽게도 귀사의 브랜드 가치는 아직 독일에서 그리 알려지지 않았습니다. 따라서 세 번째, 시장점유율에 대해 말씀하신 숫자는 어디까지나 예측이라 할 수 있습니다. 제 해석에 문제는 없겠습니까?"

마이어의 지적은 모두 사실이었고 모순도 없기에 나는 고개를 끄덕였다.

"이제 제 제안입니다만…… 시장점유율이 예측인 이상 거기서 도출된 초년도 판매수량 2천 대는 약속하기 어렵겠습니다. 그래서 초년도에는 판매대수가 아니라 시장점유율 15퍼센트 확보를 조건으로 내걸면 어떨까요?"

마이어는 '사실'과 '자기 의견'을 명확히 분리해서 설명했다.

나는 이번 협상이 이토록 논리적으로 진행되는 이유를 그제야 깨달았다.

협상의 자리에서 오가는 수많은 정보를 토대로 판단을 내리려면 최대한 쉽게 정리해야 하기 때문이다. 협상이라는 자체가 복잡한 과정이므로 이해하기 어려우면 오해의 소지가 생기는 일이 많다. 나는 단순한 추론과 개인적인 희망관측을 말했을 뿐인데 상대방은 공식적인 제안으로 받아들여 협상이 결렬된 적도 있다.

그런 사태를 미연에 방지하려면 깐깐하다 싶을 정도로 확실하게 '사실'과 '의견'을 구분해야 한다. 오해의 여지를 줄인다는 이점 외에도 상대방을 속이지 않는 성실한 사람이라는 신뢰를 얻을 수 있고,

유능한 사람이라는 인상을 주는 효과도 있다.

내가 마이어의 의견에 무반응으로 가만히 듣고만 있었던 이유는 그의 뛰어난 협상 기술에 탄복했기 때문이었는데 마이어는 달리 해석했는지 수습의 말을 덧붙였다.

"시장점유율 비율로 계약해도 판매수량 증가에 최대한의 노력을 하겠습니다. 구체적인 활동을 위한 조직 체제를 두 달 안에 갖추기로 약속드리지요."

'최대한의 노력'이라는 말은 어떻게 보면 감상적인 의욕의 표현이지만 어느 나라와 협상하더라도 꼭 등장한다. 상거래라 해도 사람과 사람 사이에 이루어지는 모든 거래에 그런 의욕이 빠질 수는 없기 때문이다. 단 의욕 그 자체는 모습이 없지만 '두 달 이내'라는 기한을 정하고 '판매체제'라는 수단을 갖추면 강력한 오퍼로 변신한다.

마이어가 미소 짓자 슈미트 대표가 내 눈을 보고 고개를 끄덕였다. 의사결정권자, 그러니까 슈미트 또한 마이어가 언급한 조직을 만들겠다는 의사를 표명한 것이다. 즉 마이어는 '판매대수'라는 내 제안 조건을 '시장점유율'이라는 조건으로 바꾸기 위해 자신이 한발 양보한 것이다.

마이어는 화이트보드에 숫자를 적기 시작했다.

숫자를 잘 다루어 주목받기

"시장점유율 15퍼센트를 초년도 계약 조건으로 삼는다면 추정수요에 대한 판매대수는 대략 1천 5백 대가 됩니다. 독일 내 판매가격을 6천 마르크로 설정한 경우 매출액은 9백만 마르크가 되죠. 마크 씨께서 말씀하신 목표 매출액 달성은 결코 불가능하지 않습니다."

"그러네요."

나는 머릿속으로 계산하면서 고개를 끄덕였다. 나도 비즈니스맨인지라 '숫자에 약하다'고 얕보이기는 싫다. 숫자는 답이 딱 나오는 '절대적인 사실'이다. 여기서 쩔쩔매면 능력이 없다는 증거다.

숫자란 단위가 커질수록 추상적인 개념이 되는 데다가 국제적인 거래에서는 더 복잡해진다. 대개 영어로 진행되니 우리 '1'만 원이 영어로는 'ten' thousand, 즉 '10' 천 원이 된다.

괜히 다 알아들은 척했다가 낭패를 본 경험이 있어 나는 제시된 숫자를 신중하게 검산하는 버릇이 있다. 내가 머릿속으로 주판을 두드리자 마이어는 승부수를 던졌다.

"이번 파트너십과 비즈니스를 성공적으로 유지하려면 무엇보다도 시장점유율 확보가 최우선이겠죠. 독일시장에 최대한 신속히 귀사의 브랜드를 침투시켜 판매를 촉진할 계획입니다. 그래서 말인데요. 마크 씨, 이 부분은 상의를 드리고 싶은데 초년도만 가격을 5퍼센트 할인해주시겠습니까? 3퍼센트는 광고비로, 2퍼센트는 판매네트워크의 커미션으로 할당하겠습니다. 이러면 두 달 내에 신규로 만들 조직원들의 사기 진작 효과도 기대할 수 있습니다. 이 조건만 수긍해주신다면 초년도의 목표 시장점유율 15퍼센트에 해당되는 1천 5백 대를 지금 즉시 구입하겠습니다."

숫자는 설득력이 있을 뿐 아니라 대량의 데이터를 나열해서 상대방의 시선을 사로잡고, 그 틈을 타 내 주장을 내세울 수 있는 효과도 발휘한다. 내 입장에서 마이어의 오퍼는 나쁜 조건이 아니었다. 5퍼센트 수준의 가격 인하야 협상 전부터 감안했던 부분이었고, 실은 1천 5백 대의 즉각 매입은 본사의 지시사항이었다.

딱히 NO라고 할 이유가 없었다. 마이어의 매끄러운 협상을 인상 깊게 지켜보며 이제 합의의 악수만 나누면 되었다.

그러나 나는 망설였다. 마이어가 나를 쉬운 상대로 보는 게 싫었다. 그런 내 마음을 꿰뚫어 보기라도 하듯 마이어가 말했다.

"자, 마크 씨. 협의 내용도 많이 진전되었으니 잠시 쉬었다 할까요? 방금 말씀드린 부분은 당장 답변하지 않으셔도 됩니다. 제일 중요한 포인트니까요. 오후에 다른 아젠다를 논의한 뒤에 다시 검토하면서 결론을 내리도록 하죠. 참, 고기를 좋아하시던가요?"

나는 타고난 육식가인데다 특히 독일 소고기는 감칠맛이 나서 아주 좋아한다.

아까부터 마이어가 내 속을 훤히 들여다보는 듯하고 나만 질질 끌려가는 느낌이 들어 만회할 기회를 노리다가, 밥 이야기가 나오는 바람에 곤두세웠던 신경이 느슨하게 풀렸다.

그림 1-6 숫자 읽는 법 철저하게 체크하기

세 자릿수 표기

혼동하기 쉬운 숫자표기	영숫자	반복되는 머릿수	머릿수에 반복해서 덧붙이는 영어
1원	₩1	1	+ 그대로 읽는다
10원	₩10	10	
100원	₩100	100	
1000원	₩1,000	1	+ Thousand
1만 원	₩10,000	10	
10만 원 (십만 원)	₩100,000	100	
100만 원 (백만 원)	₩1,000,000	1	+ Million
1000만 원 (천만 원)	₩10,000,000	10	
1억 원	₩100,000,000	100	
10억 원 (십억 원)	₩1,000,000,000	1	+ Billion
100억 원 (백억 원)	₩10,000,000,000	10	
1000억 원 (천억 원)	₩100,000,000,000	100	

간단 환율계산표

US달러		원
US $	1	1,000원
US $	10	10,000원
US $	100	100,000원
US $	1,000	1,000,000원
US $	10,000	10,000,000원
US $	100,000	100,000,000원
USD←원 (000을 빼기)		
USD→원 (000을 더하기)		

ex) 1달러 = 1,200원 → 20% 더하기
    1달러 = 1,000원 → 그대로
    1달러 =   900원 → 10% 빼기

'상대방을 알아가는' 점심시간

마이어의 안내로 차로 10분 거리에 있는 뮌헨 교외에 소재한 스테이크집으로 들어갔다. 주변이 숲이라 고기 굽는 고소한 냄새가 나무들의 싱그러운 냄새와 어우러져 식욕을 돋우었다.

오픈테라스에 설치된 테이블에서는 몇몇 손님들이 갓 구워낸 스테이크를 음미하고 있었다. 테히니크 사에서 자주 이용하는 곳인지 덩치 큰 서빙 직원이 노련하게 우리를 특별석으로 안내했다.

"마이어 씨는 계속 저를 놀라게 만드시네요. 제가 고기를 무척 좋아하는 것도 이미 알고 계셨던 건가요?"

내가 편하게 묻자 마이어는 웃었다.

"네, 실은 그래요. 다만 상대방이 뭘 좋아하는지 알고 있더라도 매번 원하는 메뉴를 확인합니다. 아무리 그래도 제 맘대로 정하는 것보다 물어보는 게 가장 확실하죠."

이 말에 나는 마이어의 기술에 다시금 혀를 내둘렀다.

서빙 직원이 음료를 가져온 뒤에 지배인도 테이블에 찾아와 인사를 한다. 최고급은 아니어도 테이블크로스(테이블보)나 사용하는 식기류로 보아 정갈하고 산뜻한 느낌의 고급스런 레스토랑이었다. 무엇보다도 고기를 익히는 솜씨와 스테이크 육질이 최고였다.

독일에는 체인점을 가진 일반 레스토랑이 얼마든지 있다. 그럼에도 '소박한 귀빈대우'를 받을 수 있는 곳으로 안내해준 센스는 마이어만의 '손님 접대 철학'이었으리라. 협상 테이블을 떠나서도 매 상황마다 상대방에게 특별한 인상을 남기는 일은 협상 상대와 오랜 관계를 위해서는 소중하다는 점을 깨달았다.

점심시간에 업무 관련 이야기는 일절 나오지 않았다.

서로 과거의 실패담을 이야기하거나 무용담을 늘어놓고 호탕하게 웃었다. 과묵하고 완고해 보이던 슈미트 대표는 뜻밖에도 식사 자리에서는 털털했고, 진지하면서도 호감을 느끼게 하는 대화를 건네며 친근한 미소를 보여주었다.

점심식사 자리는 상대방의 특징을 알 수 있는 절호의 기회다.

또한 협상 테이블을 떠나 잠시 머리를 식힐 시간으로 이야기의 흐름을 바꿀 수도 있는 시간이기도 하다.

장소는 내게
유리한 곳으로
택하기

오후의 미팅은 순조로웠다. 마이어는 먼저 오전에 나눈 의견을 간략하게 되짚었다.

시간이 지나면 했던 이야기를 잊는 것은 어느 나라 사람이든 마찬가지인 것 같다. 그러므로 번거롭다고 생략하지 말고 앞서 언급했던 의견을 간단히 짚고 넘어가면 나중에 혼선이 발생할 리스크를 피할 수 있다.

슈미트 대표와 나는 마이어의 진행으로 조건을 다시 확인했다. 나는 오전에 답변을 보류했던 상대측의 오퍼에 대해 합의 의사를 밝혔다.

마이어는 "한 30분만 주십시오"라고 양해를 구하더니 모든 회의 내용을 적은 의사록을 마련해주었다.

"내용 확인, 불확실한 점, 합의사항에 대해 서로의 견해가 다른 부분은 빨간색으로 수정해달라"는 요구에 나는 한 군데에 체크했다. 마이어는 수정된 의사록을 직원에게 3통 준비하도록 지시한 뒤, 한 번 더 읽어보도록 참가자들을 재촉했다.

"다 읽으셨으면 사인을 해야 하니 잠시 취합하겠습니다. 사인은 의사록 작성자인 제가 제일 먼저하고 슈미트 대표, 마크 씨 순으로 하시죠."

세 사람이 사인을 마쳐야 정식 합의가 이루어진다.

보통 협상에서는 나중에 사인할수록 유리하다고 말한다. 거부권이 남아 있기 때문이다. 협상을 유리하게 추진하기 위한 필수조건은 서류는 내가 작성하고 사인은 마지막에 하는 것이다. 그러나 이번은 장소가 체펠린 테히니크 사라는 '어웨이'인 만큼 내가 서류를 만들기는 어렵다.

그러므로 협상에 이기려면 항상 유리한 장소를 선택해야 한다. 선택의 여지가 있는 상황이라면 '홈그라운드'를 선택하도록 한다.

국내, 해외를 막론하고 서로 홈그라운드가 아닌 경우에는 패밀리레스토랑보다는 일류호텔의 로비를 이용하는 것이 서로에게 좋은 인상을 줄 수 있다. 협상의 분위기는 장소에 좌우된다.

이번 회의는 장소뿐 아니라 인원수도 2대 1이라 계약상으로는 동등하더라도 나는 강자의 입장이 아니었다. 그러나 고맙게도 마이어는 먼 일본에서 홀로 날아와 가장 '불리한' 여건 속에서 협상에 임한 내게 최종 사인권을 양보해주었다.

복장은 회사의 얼굴,
가방은
미니오피스

이제 사인만 남은 시점에서 마이어가 가장 먼저 서명했다. 그는 세련된 검은색 가죽 노트와 잘 어울리는 몽블랑 만년필로 사인을 했다. 이어 슈미트가 자기 펜을 꺼내어 사인하는가 싶더니 갑자기 손을 흠칫 멈춘다.

현안을 빠뜨리기라도 했나, 순간 바짝 긴장이 되었다. 슈미트가 곁에 있던 메모지에 슥슥 펜을 굴린다. 다행히 별일 아니었다. 만년필 잉크가 떨어진 모양이었다. 내가 가슴을 쓸어내리자 슈미트는 직원을 시켜 자기 사무실에서 다른 펜을 가져오도록 했다. 그 펜은 듀폰 만년필이었다.

"규모가 큰 안건이니까요. 계약서나 다름없는 의사록에 싸구려 펜으로 사인하는 것은 관련된 분들께 실례지요."

슈미트가 사인을 마치고 내 차례가 되었을 때, 그만큼 낯 뜨거웠던 적이 없었던 것 같다. 그 당시 내가 애용하던 펜은 천 원짜리 볼펜이었기 때문이다.

협상 테이블에서는 상대방이 나를 업신여기지 못하게 해야 한다. 그런데 천 원짜리 볼펜이나 편의점용 노트를 사용한다면…….

굳이 명품을 고집하지 않더라도 얕보일 만한 싸구려를 사용하는 것은 협상에서 마이너스가 될 수 있다. 그러므로 노트 속지는 천 원짜리를 사용하더라도 커버는 가죽커버로 씌우고, 필기도구는 명품은 아니더라도 3만 원 정도의 고급 펜을 사용하면 좋다. 필기구로 상대방이 나를 눈여겨볼 수 있다면 이 정도 투자는 전혀 아깝지 않다.

또한 외근이 많은 비즈니스맨에게 복장은 '회사의 얼굴'이다. 고가의 명품 슈트를 입으라는 말이 아니다. 자기만의 개성을 드러낼 수 있는 복장을 해야 한다는 말이다. 나는 나만의 개성을 연출하는 차원에서 협상에는 노타이로 임한다. 대신 흐트러진 인상을 피하기 위해 노타이용 링클프리 셔츠를 애용한다.

그리고 펜은 절대 주머니에 꽂지 않는다. 셔츠 모양이 흐트러지고, 사무실에서 사용하는 오피스용품을 가방에 거의 갖추고 다니기 때문에 펜을 꽂는 위치는 따로 있다.

서류도 마찬가지다. 사무실에서 안건을 설명할 때 필요 서류를 바로 제시할 수 있도록 준비해야 하는 것처럼 방문처에서도 사전에 서류를 준비해둔다. 필요 서류를 찾는다고 가방을 뒤적이며 "어, 분명히 여기에 넣었는데? 두고 왔나?" 하는 비즈니스맨을 '유능한 인재'로 보는 사람은 절대 없다.

특히 해외출장의 경우 "급하면 편의점에 가면 되지"라는 안이한 생각을 하는 비즈니스맨이 있는데 대안이 없는 경우가 허다하다. 때문에 나는 가방을 '간편하게 휴대할 수 있는 사무실'로 정비하고 다닌다. 그래서 가방 안에는 늘 노트북, 수첩, 휴대전화, 전자사전, 디지털카메라, USB메모리, CD-R, 흰 종이, IC리더기, 시스템노트, 샤프 기능을 겸한 2색(검은색, 빨간색)볼펜, 리포트용지, 자, 연필형 지우개, 화이트, 포스트잇과 같은 필수품을 갖고 다닌다.

또 회의 전에 옷매무새를 확인하기 위한 거울, 칫솔, 이쑤시개, 무스, 립크림과 핸드크림도 빠뜨리지 않는다. 물론 준비물이 과해 가방이 무거워지면 역효과이니 가방은 가볍고 기능적인 제품을 사용해야 한다. 남자 가방에 립크림과 핸드크림이 생소할지 모르지만, 남녀를 불문하고 손이나 입술은 그 사람의 건강상태, 생활태도를 대변한다. 대화중에 시선이 머무는 곳이 손이나 입술인 것을 감안한다면 필수 아이템이다.

이날 협상 이후 내 필기구는 몽블랑이 되었다. 이 또한 소중한 배움의 기회였다.

유대인이
눈여겨보게
만들기

다시 체펠린 테히니크 사와의 협상 이야기로 되돌리자면, 우리는 각자 몽블랑, 듀폰, 천 원짜리 볼펜으로 사인을 마쳤다.

"이제부터가 진짜 시작이죠. 최선을 다하겠으니 마크 씨, 많은 조언 부탁드립니다."

자리에서 일어선 마이어가 오른손을 내밀어 내가 맞잡자 그는 그 위에 자기 왼손도 얹었다. 슈미트도 점심시간에 보여준 환한 웃음과 함께 마이어와 똑같이 행동했다. 합의 성사였다.

사인이 된 의사록을 세 사람이 받아들고 회의를 마쳤다.

그러나 나는 이대로 마이어와 헤어지기가 싫었다. 그의 훌륭한 협상 기술에 대해 어떻게든 한수 배우고 싶은 마음이 간절했다.

마이어는 역시나 사람 마음을 읽는 달인이었다.

내게 이런 제안을 하는 게 아닌가.

"마크 씨, 슈미트 대표는 오늘 밤에 다른 약속이 있고, 저랑 맛있는 술 한 잔 하시렵니까?"

그날 밤, 마이어는 택시로 내가 묵고 있던 호텔에 왔다. 그는 "마크 씨랑 편하게 마시려고 차는 두고 왔습니다"라고 말하며 호텔에서 가까운 레스토랑으로 나를 안내했다.

독일의 레스토랑은 대부분 오리지널 생맥주를 제조한다. 우리는 맛이 가장 산뜻하다는 맥주를 시켜 건배했다. 하루 종일 말하느라 지친 목이 시원하게 풀리는 느낌이었다.

"오늘 마이어 씨께는 두 손 두 발 다 들었습니다. 저는 이때까지 주장만 밀어붙이고 승부에만 급급한 협상을 해왔다는 생각이 들더군요. 그런데 오늘 회의는 모두가 윈윈으로 끝났지 않았습니까? 저는 악수하면서 마이어 씨를 부둥켜안고 싶을 정도였어요!"

내 말에 마이어는 수줍은 표정으로 눈을 가늘게 뜨고 말했다.

"마크 씨의 협상 실력도 예사롭지 않으시던데요. 일본 분 중에서 보기 드물게 솔직하고 직설적이라는 인상을 받았어요."

"그렇게 칭찬해주시니 한 가지 솔직하게 말씀을 드리자면…… 마이어 씨, 당신의 경험과 협상의 비법을 알려주십시오!"

그때 요리가 나왔다. 두터운 수제햄에 사워크라우트(Sauerkraut 양배추를 절여 발효시킨 독일식 김치)를 곁들인 요리였다. 직원이 우리의 빈 잔을 보고 안쪽을 향해 손짓한다.

마이어는 추가로 맥주 두 잔을 시키고 말했다.

"마크 씨. 제가 이 레스토랑에 온 이유는 비단 제 입맛에 맞고 어느 분을 모셔도 좋아하실 것 같다는 생각 때문이 아닙니다. 이 레스토랑의 모든 직원들이 고객의 마음을 잘 읽어주기 때문입니다.

만약 대화가 한창 무르익었는데 테이블에 와서 장황하게 요리 설명을 하는 직원이 있다면 짜증이 나겠죠? 오늘 같은 경우 직원이 맥주 주문만 받고 바로 자리를 피해줬어요. 만약 저희가 단체 손님이었다면, 그리고 독일 요리를 처음 접하는 외국 손님이라도 있었다면 아이스바인(Eiswein 언 포도송이를 따서 만든 당도 높은 와인)이란 이렇고, 사워크라우트란 저렇고 하면서 아주 재미나게 설명했을 겁니다. 저는 협상도 마찬가지라고 생각해요. 상대방이 원하는 행동을 원하는 타이밍에 해주는 것이 원활한 협상의 비법입니다. 유대교의 가르침에 '혀는 마음의 펜이다'라는 말이 있어요. 말은 내 마음을 고스란히 나타내니 일단은 철저하게 경청하라는 뜻이지요. 협상의 대전제는 바로 이것입니다."

"그렇군요. 저는 경청이 일본의 미덕이라고만 생각했었는데……. 오늘 마이어 씨는 그야말로 철저한 경청으로 시작하셨죠. 저는 일방적으로 제 할 말만 하고요! 이제는 저도 질문 좀 하렵니다."

대화는 식사를 마치고 호텔 바로 옮기고도 계속되었다. 그곳에서 나는 마이어에게 세계 최강의 상인으로 불리는 유대인의 협상 기술을 배웠다.

"저 같은 유대인을 상대로 YES를 얻어낼 줄 알게 되면 어느 나라 사람과도 서로가 만족스러운 관계를 만드실 수 있으실 걸요?"

마이어는 흥미진진한 표정의 나를 장난기 어린 미소로 바라보며 간간이 풍부한 몸짓을 곁들여 이야기해주었다.

집필 계기가 된 그의 교훈들은 이날 야경이 내려다보이는 바에서 잔을 기울이며 들은 내용과, 마이어의 '노트'에서 얻은 내용들이다.

그리고 마이어는 돌아가는 길에 내게 낡은 노트 한 권을 빌려주었다.

"이제까지 말씀드린 내용은 제가 매일 조금씩 메모해둔 내용들이에요. 내일 공항에 바래다드리기 전까지 빌려드릴 테니, 혹시 필요하시면 밤에 읽어보세요. 손으로 마구 적은 거라 읽기는 좀 불편하실 겁니다."

나는 호텔에 돌아오자마자 가볍게 샤워를 마치고 룸서비스로 커피를 주문해놓고, 마이어가 빌려준 빛바랜 노트를 펼쳤다. 페이지마다 깨알만 한 글씨가 영어로 빼곡히 적혀 있다.

'이런 내용까지 나한테 보여줘도 되나?' 싶을 정도로 적나라한 메모도 있었다. 나는 잠옷에 목욕가운을 걸치고 노트에 적힌 내용을 그대로 영어로 베끼기 시작했다.

다음 날 오전 11시 비행기 탑승을 앞두고 메모를 모조리 옮겨 적고나니 아침 7시 반, 마이어가 데리러 오기 1시간 전이었다.

공항으로 향하는 차 안에서 여러모로 신세를 져서 고맙다는 말과 얻어먹기만 해서 미안하다고 말하자 마이어는 싱긋 웃었다.

"본래 협상의 본질은 좋은 인간관계 형성이지 않습니까? 그런 의미에서 저는 이번에 마크 씨와 함께 일할 수 있어서 참 좋았습니다. 뭐, 굳이 일본 사나이로서 대접만 받고 못 베기겠다 싶으시면 제가 도쿄에 갔을 때 좋은 데로 안내하세요. 꼭입니다!"

기필코 그러겠노라고 약속하며 마이어와 부둥켜안은 뒤, 나는 뮌헨의 프란츠 요셉 스트라우스 공항을 뒤로하고 비행기에 몸을 실었다.

지금도 나는 마이어와 함께 이야기를 나눈 그날 밤만 떠올리면 가슴이 설렌다. 그날이 없었다면 지금의 나도 없었고, 더욱이 책을 쓴다는 상상도 못했을 것이다.

나는 그날 이후 자는 시간이 아까울 정도로 협상 기술을 연구했다. 또 76개국을 돌며 몸소 체험한 경영진들과의 협상 경험까지 얻었다.

다음 장에는 내가 각 나라의 협상전문가들을 통해 배운 점들을 소개하겠다.

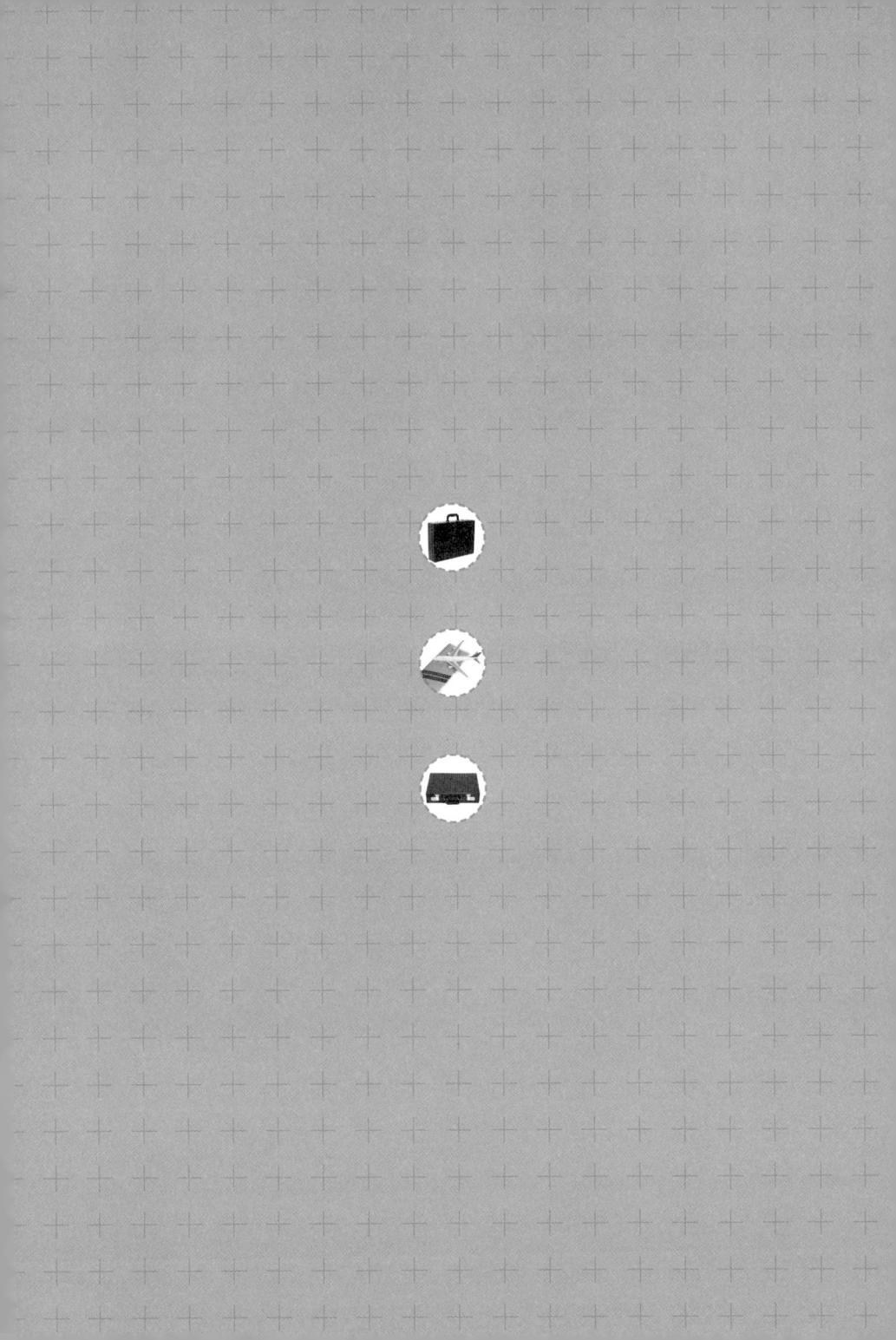

Chapter 2

세계 76개국에서 배운 밀리지 않는 협상 기술

국제 협상 전에
알아둘
3가지 포인트

세계화의 물결은 우리가 사는 세상을 눈 깜짝할 새에 바꾸어놓았다. 앞으로 분야와 인종을 막론하고 지극히 평범한 일상생활 속에서도 다양한 국제 비즈니스맨들을 상대로 협상을 벌이는 시대가 올 것이다. 굳이 해외로 나가지 않더라도 외국기업들이 국내로 속속 진출하는 마당이니 유대인, 미국인, 아시아인들과 당당하게 맞붙을 수 있는 협상 기술이 더욱더 필요하다.

"나는 영업 담당도 아니고 협상전문가도 아니고 판매직도 아닌데 협상 기술까지 알아둘 필요가 있겠어?"라고 말하는 사람이 있을 수도 있겠다.

그러나 본디 협상이란 '원활한 인간관계를 유지하기 위한 약속사항을 정하는 기술'이다. 달리 말하면 더 이상 '좋은 게 좋은 것'이라는 개념이 허용되지 않는 현대사회에서 직종을 불문하고 협상 기술 없이 살아남기란 불가능하다. 일반적으로 협상을 불필요한 흥정으로 여겨 안 좋게 보고 최대한 피하려는 경향이 있으나 사회생활을 영위하는 데 있어 상식으로 알아두면 반드시 도움이 된다.

일단 협상에 들어가기 전에 중요한 3가지 포인트를 살펴보자.

포인트 1 | 모르면 모른다고 말하기

유대 속담에 '길을 헤맬 바에야 열 번 묻는 게 낫다'는 말이 있다. 내가 실제로 3천여 명에 달하는 유대인과 1만여 명의 다국적 협상전문가들을 대하며 깨달은 점은 '모르면 모른다고 인정하는 것이 오히려 강점이 된다'였다.

같은 나라 사람끼리야 굳이 말로 표현하지 않아도 서로 통하는 상식이 있다. 그러나 국제협상에서는 다르다. 유대인에게는 유대인, 프랑스인에게는 프랑스인만의 방식이 있다. 미국, 독일, 이탈리아, 중국, 인도 등 습관, 종교, 문화가 제각기 다른 비즈니스맨들을 상대하려면 나를 어필함과 동시에 상대방을 알아야 한다. 그때 든든한 힘이 되어주는 것이 모르면 모른다고 말하는 '솔직함'이다.

포인트 2 | 모든 의견에 귀 기울이기

사람은 똑같은 사물을 보고 들어도 이해하는 필터가 다르기 때문에 별생각 없이 내뱉은 말이나 태도가 상대방의 기분을 상하게 하는 경우가 있다. 그러나 상대방의 말에 귀를 기울이고 그 사람의 심리와 입장과 상황을 이해하려고 노력하면 불필요한 오해를 피할 수 있다. 국내는 물론 해외에서 특히 유의해야 할 부분이다.

포인트 3 | 아무도 내 마음은 알아주지 않는다

일본에서는 직설적인 표현을 사용하지 않는 것이 미덕이라고 하지만, 표현을 하지 않으면 같은 나라 사람끼리라도 서로의 마음을 정확히 읽어내기란 쉽지 않다. 더더군다나 외국인을 상대할 때는 표현하지 않으면 '무슨 꿍꿍이속이지?' 하고 의혹을 사기 쉽다. 나는 가정에서 국내외 협상 자리에 이르기까지 속에 담아두지 않고 말로 표현하려고 노력하는 편이고, 특히 서양권 협상에서는 'Yes, No'를 맞장구가 아닌 명확한 의사 표현으로 사용하고 있다.

국제 협상 전에 알아둘 중요 포인트를 확인했으니 이제 각국의 협상전문가들의 협상 기술을 알아보자.

'코너로 몰아
주도권을 쥐는'
미국인

미국이란 나라에는 한 가지 특성으로는 설명할 수 없을 만큼 다양한 인종과 개성이 존재한다. 그런 그들에게서 공통점을 찾으라면 제일 먼저 말이 많은 점을 꼽겠다.

미국인은 굉장히 수다스럽다. 엘리베이터에 함께 탄 사람에게 "넥타이 멋진데요"라고 말을 건네도 서로 이상하다고 생각하지 않는 문화다.

협상을 할 때도 상대방 이야기를 듣기 전에 자기주장부터 펼치는 사람들이 미국인이다. 이쪽에서 의견을 제시했다 해도 자기주장과 맞지 않으면 "그게 아니고"라며 말을 자르고 들어와서 상대방의 의견을 전면부인하고 어떻게든 자기주장 쪽으로 유인한다.

마이애미에 있는 중견 판매회사인 썬테크 트레이딩 사의 사장과 부장, 과장을 상대로 제품 B의 미국 판매조건에 대해 혼자 협상에 임한 적이 있다. 먼저 미국인 과장은 파워포인트로 제품 B의 수요, 미국 내 경쟁상품의 시장가격, 썬테크 트레이딩 사가 판매대리점이 되었을 경우의 이익 등을 다양한 각도에서 설명해주었다. 그는 진정 '더 아메리칸'이었다. 설명 하나를 마칠 때마다 뚫어지게 나를 쳐다보고 위압적인 어조로 말한 뒤 다음 안건으로 넘어갔다.

상대방을 위압하고 싶을 때 강렬한 눈빛과 말투는 협상의 무기가 된다. 그는 말할 틈을 일절 주지 않았다. 프레젠테이션으로서는 훌륭했다. 내가 알고 싶은 내용을 총망라해주었다. 또 프레젠테이션 화면의 마지막 페이지에는 구입 희망제품의 주문수량과 희망가격까지 제시되어 있어 자료가 눈에 쏙 들어왔다.

이 과장은 우수한 인재였다. 30대 초반의 나이에 자신감이 넘쳐났다. 긴장되거나 위축된 느낌이 전혀 없었다. 말투는 간결했고 발표는 노련했다. 판매전략이나 광고비 관련 질문을 받기 전에 순서대로 설명해줘 내가 원하는 내용을 속속 들을 수 있어 편했다.

미국인에게 배울 점은 무엇보다도 '당당하고 위압적인 어조로 재빨리 주도권을 쥐고 우월한 입장을 확보하는' 점이다

그런 화술을 습득하려면 우선 '노려보는 게 아니라 상대방의 눈을 깊

이 쳐다보고' '눈이 마주치면 피하지 말고 응시하는' 강렬한 눈빛을 의식하면 된다. 그다음 한 마디 한 마디를 똑똑하게 발음하고, 강조하고 싶은 부분은 목소리 톤을 높여 전달한다. 영어의 경우 단정적인 표현을 사용하거나 상대방에게 강요하는 'should' 'must'를 사용하는 것도 효과적이다. 세련되고 강한 협상 스타일은 이렇게만 해도 설득력이 있다.

그러나 그때 나는 무반응으로 일관했다. 상대방의 오퍼에 불만이 있어서가 아니었다. 그대로 합의해도 좋을 조건이었다. 오히려 썬테크 트레이딩 사에서 제시한 가격과 수량은 가령 1달러 110엔의 환율로 계산해도 충분히 이익이 날 수준이었다. 게다가 그쪽이 제시한 환율은 1달러 115엔이라 일본 본사도 틀림없이 만족할 계약이었다.

그런데 문제가 하나 있었다. 상대방의 설명이 일방적이었다는 것이다. 과장의 프레젠테이션은 질문을 일절 허용하지 않았다. 뿐만 아니라, 마지막 사장의 발언은 거의 통보식이었다.

"저희는 귀사의 제품 B를 제시한 가격과 조건으로 구입할 수 없다면 주문수량을 줄이거나 계약을 단념하는 수밖에 없습니다."

협상이란 서로의 조건을 조율해나가는 과정이다. 자신의 의견을 말했으면 상대방이 의견을 제시할 여지를 주는 것이 매너이자 절대적인 룰이다.

합의할 생각이었다가도 설명을 일방적으로 듣고 나면 질질 끌려가 그쪽이 제시하는 대로 조건을 100퍼센트 받아들였다는 느낌을 받기 마련이다. 이 경우 과장은 파워포인트로 가격이나 조건을 제시하기 전에 일단 설명을 끝냈어야 했다.

"여기까지 질문 있으신가요?"라고 협의의 자리를 마련해주었더라면 나는 그의 의견에 동의한다는 점, 본사에서도 비슷한 시장조사 데이터를 가지고 있다는 점을 알렸을 것이고, 협상은 좋은 분위기로 진행되었을 것이었다. 그리고 그 뒤에 사장이 구체적인 조건을 제시했더라면 아무리 위압적인 말투인들 나는 차분하게 판단해서 그의 오퍼를 받아들이고 짧은 시간에 합의에 도달했을 것이다.

미국인의 단점을 통해 '상대방에게 말할 여지를 줄 필요성'에 대해 배울 수 있었다.

나는 그때 묵묵부답으로 상대방의 일방적인 태도에 반감을 표했다. 대답이 없으면 불안해하는 미국인의 특성을 이용해 '무언의 스트레스'로 파워게임을 한 것이다. 침묵을 견디다 못한 과장이 의견을 묻기에 그제야 나는 입을 열었다.

결국 나를 만만하게 보지 못하도록 강한 어조를 의식적으로 사용하기는 했어도, 서로가 원하던 목표와 조건이 같았기에 큰 문제없이 합의에 이를 수 있었다.

'분위기를 띄워 성공하는' 이탈리아인

'여자 잘 꼬시는 바람둥이.'

이탈리아 남성들에 대한 이미지는 만국 공통일 것이다. 마음에 드는 여자에게는 반드시 다가가서 말을 건다. "차이면 어쩌나?"라는 망설임은 일절 없다. 말을 걸지 않으면 시작조차 할 수 없으니 쓸데없이 걱정하기보다 일단 행동이 먼저다. 밑져야 본전인 데다가 상대방의 반응이 좋으면 유쾌한 수다로 마음을 사로잡으려고 노력한다.

다만 같은 이탈리아인이라도 밀라노를 중심으로 한 로마 이북지방에는 보수적이면서 성실한 사람이 많고, 시칠리아 섬 이남지방에는 '오 솔레 미오' 식으로 시간이나 규칙에 느슨하고 소탈한 사람이 많다. 고로 이탈리아인의 국민성을 통틀어 말하기는 어려우나 상대방에 대한 배려나 접대를 소중하게 여기는 부분은 공통적인 기질이다.

비즈니스 협상에서도 이탈리아인은 시작부터 다르다. 특유의 밝은 어조로 인사를 건넨 뒤 악수와 가벼운 바디터치를 나눈다. 남자끼리도 서로 부둥켜안고 친하면 볼에 키스도 한다.

동양과는 많이 달라 어색할 수도 있지만 기회가 된다면 결정적인 순간에 양손으로 악수를 나누어보라. 팔에 손을 대기만 해도 좋다. 우리는 남의 몸에 터치하는 게 익숙하지 않지만 이 기술은 상대방에게 친근감을 줄 수 있다. 치명적인 실수가 될 상대인지를 파악할 필요는 있으나 좋은 인상을 주는 것만은 확실하니 이탈리아인처럼 '바디터치의 달인'이 되도록 노력해보자.

또한 이탈리아인은 본론으로 들어가기 전에 잡담을 빠뜨리지 않는다. 실제 농담을 곁들여 좋은 분위기를 만들어 놓으면 상대방도 호의적인 태도를 보이고 협상이 매끄럽다.

환한 미소로 인사를 건네 첫인상을 좋게 심어놓고 본론 전에 잡담으로 편안한 분위기를 조성한다. 이것이 첫 번째로 이탈리아인에게 배울 점이다.

그다음 참고할 만한 점은 지금으로부터 10여년 전, 이탈리아 시칠리아 섬에서 있었던 일과 함께 소개하겠다.

10여년 전 협상의 목적은 이미 판매대리점 계약을 맺은 인딜리 사를 상대로 '이탈리아 국내 판매지역 확대' '연간 취급수량 증가' 이 두 가지 약속을 받아내는 것이었다.

시칠리아 섬의 카타니아 공항에 내리니 저녁시간이었다.
인딜리 사의 안토니오가 마중 나왔고 나는 그와 함께 호텔로 향했다. 안토니오와는 안면이 있기 때문에 차 안에서 한바탕 신나게 대화를 나누었다. 이탈리아인의 유창한 말솜씨는 언제 만나도 존경스러울 따름이다. 잠시 호텔에서 휴식을 취한 뒤 나는 그와 다시 만나 바닷가에 있는 시푸드 레스토랑에서 저녁식사를 했다. 맛있는 식사와 풍부한 화젯거리, 그리고 와인…….

전날 안토니오와 편안한 식사를 한 덕분인지 다음 날 시작된 협상은 밝은 분위기로 시작되어 매끄럽게 진행되었다.

나는 어느덧 안토니오의 마술에 빠져들었다. 안토니오의 '사람을 편하게 만드는 뛰어난 접대술'에 걸려 협상의 본래 목적과 목표를 잊기 시작했다.

그러나 협상 자체는 그다지 순조롭지 못했다. 합의에 도달할 수 있어 보이는 사안은 '판매지역 확대'밖에 없었다. 이대로는 인딜리 사만 '판매지역 확대'라는 이득을 얻고 본사의 목적인 '취급수량 증가'는 흐지부지 될 위험이 있었다.

안토니오의 주장은 '판매수량 증가'는 '판매지역 확대'와 '판매노력 결과'로 자연히 이어진다는 것이었으니 그로서는 굳이 계약 조건으로 내걸 이유가 없었다.

이미 안토니오와 나 사이에는 기존의 거래를 통해 확고한 신뢰관계가 형성되어 있었다. 비즈니스를 떠나 개인적인 친분으로 발전한 상태였고 서로 성격도 잘 맞았다. 그런 상황에서 맞이한 협상이었기 때문에 그냥 '그래, 인딜리 사를 믿고 맡기면 잘해주겠지' 하고 본래 목적은 뒷전으로 미룰 수도 있었다. 나로서도 '두 가지 조건 중에 하나는 합의를 보았으니 됐어' 하고 넘어가도 되었다.

그러나 다행히도 나는 협상 전에 필요사항을 메모해두는 습관이 있었다.

마이어 노트에 있던 룰, '협상의 목적과 최종목표'를 종이에 적어 뚜렷하게 인식하고 있을 것!

이것을 망각하면 좋든 나쁘든 분위기에 휘말려 행복한 협상에 도달할 수 없다. 협상 분위기가 긴박하게 돌아가면 정신 바짝 차리고 임하는 만큼 협상의 본질을 잊을 염려가 적지만 농담이 섞인 즐거운 분위기 속에서는 목적을 잊고 느슨해지기 쉽다.

즐거운 분위기일수록 협상의 목적과 최종목표를 제대로 확인해야 한다는 점이 이탈리아인에게 배울 두 번째 교훈이다.

나는 편안한 분위기 속에서도 '판매수량 증가'를 연간계약 조건으로 삼는 데에 성공했고, 1년 뒤에 인딜리 사는 이탈리아의 마켓 리더가 되었다. 서로 좋은 결과를 얻은 데다 인딜리 사의 실적도 올랐다. 안토니오와 나는 현재까지 좋은 비즈니스 파트너이자 절친한 친구다.

만약 안토니오가 그저 낙천적인 이탈리아인으로서 협상에 임해왔더라면, 그리고 내가 즐거운 분위기에 휘말려 좋은 게 좋은 거라며 적당히 합의했더라면 우리의 관계는 여기까지 발전하지 못했을 것이다.

안토니오는 의도적으로 편안한 분위기를 조성해 내 반응을 살피면서 심리를 탐색했고, 나는 나대로 '협상의 목적과 최종목표'를 놓치지 않고 끝까지 팽팽하게 협상을 벌였다. 결과적으로 서로를 유능한 협상가로 인정하면서 우정을 나누게 되었다.

'와인, 식사, 대화로 서로를 알아가는' 스페인인

스페인에는 이른 오후에 낮잠을 자는 시간인 '시에스타'가 지금도 남아 있다. EU 가입 후에 마드리드와 같은 대도시에서는 없어지는 추세이나 중소도시나 시골은 오후 2시~5시까지 낮잠 자는 시간이 여전히 남아 있다. 요새 '깜빡 낮잠이 건강에 좋다'고 하는데, 스페인에서는 실제 낮잠을 자기 위해 사무실이든 상점이든 잠시 문을 닫는다.

스페인에 처음 갔을 때 스페인 남동부의 발렌시아에서 1주일 머물렀다. 이때의 협상과정은 그야말로 문화적인 충격이었다. 아침 7시 반에 상대 회사의 직원이 호텔까지 나를 데리러 온 것이다.

"마크 씨, 부에노스 디아스(좋은 아침입니다). 반갑습니다, 프란시스코입니다. 아침식사는 하셨나요?"

내가 호텔에서 가볍게 먹었노라고 하자 사무실로 가는 길에 카페가 있으니 맛있는 커피를 마시러 가자고 한다. 마다할 이유가 없었다. 커피를 좋아하기 때문에 "좋네요, 갑시다"라고 두말없이 승낙하고 차로 10분 거리에 있는 작은 카페에 들렀다.

지하철역의 구내 매점을 조금 키운 듯한, 그다지 깔끔하지 않은 스탠드바 형식의 카페였다. 단골손님이 열 명 정도 모여 왁자지껄 잡담을 나누고 있다.

"마크 씨, 진한 커피 괜찮으시죠?"

프란시스코는 내가 고개를 끄덕일 틈도 없이 카운터로 향하더니 빠른 스페인어로 주문을 했다. 그러자 카페 주인이 에스프레소 커피와 쇼트글라스의 빈 잔을 거칠게 놓더니 빈 잔에 레미 마르탱Remy Martin을 가득 따르는 것이 아닌가.

"스페인에서는 아침에 커피에 술을 곁들여 마시는 풍습이 있죠. 이게 빠지면 아침이라는 느낌이 안 들어요."

놀라서 가게 안을 둘러보자 정말 출근을 앞둔 비즈니스맨들이 쇼트글라스와 커피를 놓고 신문을 읽고 있다.

"둘 다 원샷으로 드세요. 자, 마크 씨 건배! 우리의 우정과 비즈니스의 발전을 위하여!"

작은 체구에 기운이 펄펄 넘쳐 보이는 중년남 프란시스코는 아침부터 씩씩했다. 술기운이라기보다 원래 성격이 그런 것 같았다. 우리는 커피와 레미 마르탱을 두 잔씩 마시고 사무실로 향했다.

프란시스코 상사의 자기소개를 시작으로 해서 회의를 진행하다보니 눈 깜짝할 새에 정오가 되었다. 슬슬 배가 고팠다. 그런데 12시 반이 지났는데도 상대방 쪽에서 식사하자는 말이 없었다. 1시 반이 되어도 회의는 끝날 기미가 보이지 않았고 본론은 언제 들어가려는지 서두가 길다.

'이 사람들, 점심도 안 먹을 셈인가?'

속으로 투덜댈 무렵, 시계가 2시를 가리켰다.

드디어 "자, 점심 드시러 갑시다!"라는 말에 허기진 배를 움켜쥐고 프란시스코 차의 조수석에 올라탔다. 이미 뒷좌석에는 세 사람이 앉아 있었다. 둘은 함께 회의했던 사람들이었고 가운데 있는 여성은 낯선 사람이었다. 레스토랑에 도착하자 다섯 명이 더 기다리고 있었다. 그렇게 일행은 총 열 명이 되었고, 그들과 함께 식사를 시작했다.

내가 차가운 화이트 와인으로 건배한 뒤에 영어로 인사했더니 프란시스코 말고는 영어를 할 줄 아는 사람이 없었지만 다들 반갑게 환영의 인사를 한마디씩 해주었다.

식사는 '익힌 새우' '새우 바비큐', 그리고 '새우 올리브무침'으로 새우 풀코스였다. 스페인어를 모르는 나는 와인을 마시고 새우를 까고 소스를 찍어 우물우물 먹고, 대화를 나누는 사람들을 향해 웃음을 지어 보였다.

이때 식사 인원이 세 명 이상이라면 대화의 중심인물에게만 말을 거는 것이 아니라 함께 자리한 사람 모두를 일일이 쳐다보며 이야기해야 한다. 사람은 시선을 받으면 내 이야기가 아니더라도 공감하고, '나도 함께 이야기하고 있다'는 느낌을 받기 때문이다.

스페인인들은 이런 대화습관을 타고났는지 모두가 공평하게 돌아가며 이야기를 한다. 스페인어를 모르는 내게도 시선을 던지고 와인을 따라주기도 한다. 보통 서양에서는 고급 레스토랑에 가면 직원이 와인을 따라주는데 스페인에서는 자기가 원할 때 원하는 만큼 마시고 혼자 술을 따라 마시기도 했다. 내가 상대방의 잔을 채워주자 싱긋 웃는다.

일본에서는 비즈니스 접대여도 비즈니스 손님보다 자기 상사, 즉 내 식구 챙기기에 급급한 경우가 많다. 그런데 서양에서는 식사 시간이 되면 위아래가 없다. 물론 최소한의 예의는 지키지만 모두가 친구처럼 편하게 대화를 나누고, 일부러 아랫사람에게 화제를 돌린다. 이것이 자리를 마련한 '호스트'의 역할이다. 스페인도 예외가 아니었다. 이때 '호스트'는 당연히 프란시스코였다.

그러나 처음에는 열심히 영어로 통역해주던 그도 이야기가 무르익다 보니 통역을 까맣게 잊은 듯했다. 도리 없이 나는 그저 묵묵히 그들을 관찰하고 와인만 들이키는 수밖에 없었다.

게다가 2시경에 시작된 점심식사가 3시 반이 되도록 끝날 기미가 보이지 않았다. 스페인인들의 대화는 점입가경이었다. 프란시스코는 윗도리는 벗어젖히고 셔츠에 멜빵 차림을 한 채 유쾌하게 웃으며 대화를 나누고 있었다.

나는 결코 술에 약한 편이 아니다. 오히려 평균보다 잘 마시는 축에 속한다. 그러나 이날만큼은 아침부터 브랜디를 원샷으로 마신 데다가 점심에도 와인을 한 병 이상 먹고 나니 술기운이 돌아 취기가 올랐다.

늦은 점심인지 이른 저녁인지 모를 그날의 모임은 5시가 돼서야 끝났다. 나는 완전히 취해 조금이라도 빨리 샤워하고 침대에 드러눕고 싶었다.

'오늘은 이렇게 끝나는구나, 본론은 내일이나 협의하겠군……'
이때 프란시스코가 밝은 표정으로 말했다.
"마크 씨, 다시 사무실로 돌아가서 아까 하던 이야기를 마저 하시죠!"
벌어진 입을 다물 수가 없었다. 프란시스코는 점심시간에 다른 스페인인들과 나눈 내용을 알려주었다. 그들은 동종업계의 비즈니스맨들이었고, 점심식사를 하면서 스페인의 마켓정보를 공유했다고 한다. 그와 그의 상사는 식사 시간에 수집한 정보를 곁들여 나와 조건협상을 하려던 것이었다. 스페인인은 밥 한번 같이 먹으면 바로 친해진다며, 아까 함께 식사한 멤버들이 우리 회사에 호감을 느꼈다고 했다.

아무리 집중을 하려 해도 집중이 안 되는 이날 오후 협상은 8시까지 이어졌고, 차로 호텔에 바래다주겠다는 그의 말에 나는 안도의 한숨을 쉬었다. 내 한계였다.

프란시스코가 헤어지며 말했다.

"그럼 나중에 뵙시다."

"네, 내일 똑같은 시간에 뵙겠……"

내 말이 채 끝나기도 전에 프란시스코는 미소 지었다.

"10시 반에 올 테니 같이 저녁 드시러 가시죠!"

끼익 소리를 내며 유턴해서 사라지는 프란시스코를 나는 어안이 벙벙한 채로 배웅했다.

어중간하게 빈 시간 동안 우선 욕조에 푹 몸을 담가 술기운을 풀었다. 이후 프란시스코가 다시 나를 데리러 온 시간은 약속한 시간보다 20분 늦은 11시경이었다. 이 시간에 비즈니스 디너라니, 일본에서는 상상도 못할 일이다.

생햄과 빠에야(프라이팬에 쌀과 고기, 해산물 등을 함께 볶은 스페인 전통요리)를 맛있게 하는 레스토랑에서 이번에는 레드와인이었다!

"오늘 점심에 마크 씨가 동참하신 덕분에 비즈니스에 대해 꽤 많은 이야기를 나눴지 뭡니까! 우리 스페인인들은 다 함께 모여 식사하면서 잡담과 농담으로 좋은 분위기를 만들고, 약간의 비즈니스 대화를 나눕니다. 스페인에서는 점심식사가 굉장히 중요해요. 그 시간을 함께하면서 공감대를 형성하니까요!"

나는 이때 스페인인에게서 정보는 사람이 가져온다는 점을 배웠다. 편안하게 함께 식사를 나누면 비즈니스 상대의 진심을 알 수 있고 인맥도 넓힐 수 있다는 것을 알았다. 사람이 사람을 부르면서 식사 인원이 늘어나고, 이는 비즈니스의 확장으로 이어졌다.

스페인인과의 협상에서는 본론을 앞두고 이루어지는 의견 교환이 중요하다. 프란시스코에 의하면 술을 곁들여 의견을 주고받다 보면 많은 대화를 할 수 있고, 조바심을 내지 않아도 가야 할 방향으로 이야기가 자연스럽게 흘러간다고 한다.

협상을 이런 식으로 느긋하게 해도 좋겠구나, 하고 느꼈다.

"자, 내일 식사 시간에는 또 다른 사람들이 기다리고 있어요!"

활기찬 프란시스코의 안내와 함께 디너를 마친 시각은 12시 반이었다. 그리고 이 늘어지는 스케줄이 스페인에 머무는 5일 내내 이어졌다.

'상대방이 마음에 들면
다 받아들이는'
아랍인

아랍인은 아무리 좋은 조건을 제시해도 싫어하는 사람에게는 물건을 사지 않는다. 동족 커뮤니티를 소중히 여기는 탓인지 정이 많고 감정에 쉽게 좌우된다. 사람인 이상 국적을 불문하고 누구나 그런 점이 있지만 특히 아랍인은 상대방이 마음에 들면 무조건 다 받아들이는 기질이 있다.

사우디아라비아의 리야드에서 있었던 일이다.

그때 나는 현지 기업과의 협상에서 난항을 겪고 있었다. 그래서 호텔에 돌아와서도 로비에서 서류 정리를 했다. 방으로 돌아가서 쉬기 전에 일을 정리해두고 싶었기 때문이다. 근대적인 시티호텔의 로비는 쾌적했고, 나는 일에 집중하고 있었다.

사건은 그때 일어났다. 순간 무슨 일이 벌어졌는지 어리둥절했다. 흰 옷을 입은 덩치 큰 사내가 발을 헛딛으면서 내 쪽으로 쓰러졌다.

순간적으로 나는 나와 상대방의 신변의 위험을 느끼고 스스로도 믿기지 않는 힘으로 그를 받쳐 들었다. 그러나 아슬아슬하게 넘어지지 않고 버틴 대신 내 서류와 소지품이 주변에 흩어졌다.

아랍인인 그는 거듭 사과하며 고마움을 표시한 뒤, 방금 사고로 내 디지털카메라가 부서졌다는 사실을 알고는 내 팔을 잡았다.

"죄송합니다. 카메라를 변상해드리겠습니다."

그는 신경 쓰지 말라고 사양하는 나를 반 강제로 끌고 가서 차에 태우더니 쇼핑몰로 향했다. 사우디아라비아의 쇼핑몰은 아메리칸 스타일이다. 거의가 차량으로 내점하기 때문에 1층에 광활한 주차장, 2층에 쇼핑몰을 둔 복층 구조의 건물이 많다. 명품샵 옆에는 20여종의 패스트푸드점이 자리 잡았고, 안쪽에는 식료품과 생활잡화를 한데 구입할 수 있는, 어마어마하게 거대한 마트가 있었다.

밤에는 '이 많은 사람들이 어디 숨어 있었나!' 싶을 정도로 점포가 붐비지만 낮에는 문을 닫은 점포가 많았다. 그 가운데 다행히 카메라 판매점만은 문을 열었다.

"마음에 드는 것으로 고르시죠"라는 말에 내가 쓰던 모델을 고르자 그는 비용을 지불하더니 극구 자기 집에서 저녁을 대접하겠노라며 고집을 부렸다.

해외 경험이 풍부한 나도 아랍인 가정에 초대받기는 처음이다보니 수상한 사람일지 모른다는 경계심보다는 강한 호기심이 일었다. 나름대로 국제 협상을 통해 사람 보는 눈에 일가견이 있다는 자신감도 있었다.

그의 집은 높은 천장에 중층까지 딸린, 영빈관을 방불케 하는 으리으리한 저택이었다. TV에서나 보던 그야말로 궁궐과 같은 집이다. 안내받은 방에는 25미터짜리 수영장이 있었고, 옆에는 바 카운터와 큼직한 소파까지 놓여 있었다.

"제가 기도를 올리고 올 동안 잠시 기다려주시겠습니까."

그 말을 남기고 사라진 지 20분 뒤에 그는 수영장 방으로 돌아왔고 우리는 대화를 시작했다.

그의 이름은 아파메드, 당시 58세.

그는 어떻게 이런 저택에 사냐는 다소 무례한 나의 질문에도 정중하게 대답해주었다. 30년을 거슬러 올라가 기계수리공이었던 아파메드는 정교한 손기술과 우직한 성격으로 고객의 신뢰를 얻어 주문이 폭주해 그 덕에 자금을 모을 수 있었다. 그러나 똑같은 일만 하다가는 이익에 한계가 있다고 판단해 새로운 비즈니스를 시작했는데 외국에서 중고로 들여온 기계를 신제품이라 해도 믿을 만큼 잘 정비해서 판매한 것이다.

"그게 호응이 좋아서 매출액 38억 사우디 리알(rial-사우디아라비아 화폐 단위)(약 1조 5천억 원)의 기업으로 성장했습니다. 아마 리야드에서 저와 저희 회사를 모르는 사람은 없을 겁니다."

별실에 준비된 저녁식사도 진수성찬이었다. 필리핀인 서빙까지 붙어 양고기와 파스타, 아라비아요리 등이 상다리가 휘어지게 차려 나왔다.

나는 식사를 하면서 그에게 대형 협상을 위해 리야드를 방문했다고 말했다. 조건 면에서 도저히 조율이 되지 않아 결렬을 눈앞에 두고 힘들다고 솔직히 말했다. 왜 그랬는지 나는 처음 만난 아파메드 앞에서 굉장히 솔직했다.

"아아, 마크 씨의 협상 상대가 알파이즈 사예요? 제가 오너를 잘 아니까 내일 같이 만나드리지요."

나는 어안이 벙벙했다. 알파이즈 사의 대표나 간부들과는 미팅을 함께 해왔지만 그 위의 오너는 만나지 못했다. 오너는 일개 담당자 급이 만날 수 있는 상대가 아니다. 그야말로 절호의 기회였다.

다음 날 나는 아파메드의 호의를 순순히 받아들였고, 그와 오너의 친분 덕에 협상은 순식간에 결론이 났다.

아랍인을 상대할 때는 나를 좋아하게 만드는 것이 최선책이다. 당신이 마음에만 들면 아랍인은 자신의 모든 인맥을 동원해서 당신을 도울 것이다. 결과적으로 비즈니스는 성공한다. 아파메드를 통해 내가 배운 점은 이것이다.

이는 결코 아파메드가 특이한 사람이라 생긴 에피소드가 아니다. 내게는 롤렉스 급의 고급시계가 5개 있는데, 모두 "마크 씨가 좋아서"라는 이유로 아랍인 협상 상대에게 받은 선물들이다. 이보다 더한 고가품이나 '롤스로이스를 받아달라'는 제안도 정중히 사양한 적이 있을 정도로 아랍인은 한번 마음에 들면 뭐든 해주고 싶어 한다.

하지만 아랍인은 한번 등을 돌리면 아무리 유리한 조건을 제시해도 절대 받아들이지 않는다. 그땐 어떤 방책도 소용없다는 무서운 측면도 염두에 두어야 한다. 잘못 건드리면 협상은커녕 출입금지를 당하는 경우도 허다하다.

그러므로 아랍인이 무슨 기준으로 사람을 판단하는가를 알아두면 아랍인과의 협상은 더욱 수월할 것이다.

친미 성향의 아랍권 국가에서도 서양인을 싫어하는 사람들은 의외로 많다. '사람 무시하는 듯한 말투나 태도가 마음에 안 든다'는 이유다. 아랍인들은 몸집이 크고 자칫 거만한 인상을 주기 쉽지만 가족이나 절친한 친구만큼은 물불을 가리지 않고 보호한다. 연이은 테러 탓에 부정적인 이미지가 강하지만 실은 상냥하고 열정적인 사람들이다. 그래서 이유 없이 무시하는 태도를 싫어하는 것이 아닐까.

결론적으로 아랍인은 잘난 척하는 사람을 불신한다. 그러므로 아랍인을 상대로 한 협상에서는 무엇보다도 서로 동등한 입장에서 협상을 진행하도록 한다. 당신이 만사를 제쳐놓고 잘해주면 똑같이 보답하려는 게 아랍인의 '상식'이고, 반대로 아랍인이 잘해주면 나도 그만한 성의를 반드시 보여야 한다는 것을 기억하라.

참고로 아랍인들은 한번 친구가 되면 비즈니스는 잘 풀리지만 '흥정'을 오락으로 삼을 만큼 깎아달라는 요구가 반드시 있으니 미리 대비하는 것이 좋겠다.

'질문 세례로
OK를 이끌어내는'
인도인

지난 수년간 두바이 출장이 잦았다. 나뿐 아니라 중동 진출의 발판으로 삼고자 두바이를 찾는 비즈니스맨은 무척 많다. 그중 인도인의 비율이 굉장히 높다. 인도인은 IT기술과 영어를 무기 삼아 세계적으로 활약이 기대되는 타고난 상인들이다. 중동과 다른 국가를 잇는 통로 역할도 대부분 그들이 맡고 있다.

인도인의 영어는 알아듣기가 무척 어렵다. 다민족 국가라서 워낙 많은 언어가 존재하기 때문이기도 하지만 무엇보다도 그들의 영어가 굉장히 빠르기 때문이다.

게다가 대부분의 인도인들은 굉장한 수다쟁이다. 여하튼 쉬지 않고 말한다. 논쟁에서 절대 지는 법도 없고, 한참 듣고 보면 동문서답을 하는 경우도 많아 참 만만치 않은 협상 상대다.

 어쩌면 인도의 교육환경이 이와 연관이 있는지도 모르겠다. 요새 일본에서 '인도식 계산연습'이 화제가 되고 있는데, 인도인은 삽시간에 암산과 계산을 할 수 있는 교육을 받는다고 한다.

 그 영향 때문인지 협상에서도 재빨리 머리를 굴려 상대방의 의도를 미리 알아차리고 말을 꺼낸다. 그러나 정작 상대방은 인도인이 무슨 말을 하는지 이해하지 못하는 경우가 있다.

 또 인도인은 상대방의 주장을 자기가 논리적으로 납득할 때까지 질문 세례를 퍼붓는다. 아이가 순수하게 묻는 "왜?"와 똑같다. 수긍이 갈 때까지 철저하게 논리를 따진다. 그 질문에 자기주장까지 섞으니 대화가 한층 복잡해진다.

 게다가 인도인의 지나치게 논리적인 질문 공격은 대꾸하기 어려울 정도다. 정신적으로나 신체적으로나 갈수록 피곤해지기 때문이다. 아이의 끊임없는 "왜?"라는 질문에 부모가 답변이 궁한 나머지 "옛날부터 그랬어!"라며 소리를 버럭 지르는 것과 비슷하다고 생각하면 되겠다. 이 피곤함 때문에 "귀찮으니까 대충 타협해버릴까?" 싶어 빨리 끝내고 달아나고 싶은 충동을 느낄 때가 한두 번이 아니었다.

 인도인의 이런 협상 테크닉 때문에 협상 내용에 인도인의 요구사항이

고스란히 반영되는 경우가 많은 것은 사실이다. 물론 처음부터 의도적으로 질문의 연속타를 날리지는 않겠지만 결과적으로 그렇다.

논리적인 질문을 받은 사람은 논리적으로 대답하려 한다. 이를 응용해서 뭐든 '감'이나 '기분'으로 협상하려는 상대에게는 의도적으로 논리적인 질문을 마련해 작전을 세우면 좋겠다. 상대방을 피곤하게 만들어 적당한 선에서 타협하게 만드는 테크닉은 인도인에게 배울 점이다.

그러나 일본인을 상대로 시도했다가는 괜히 블랙리스트에 올라 협상이 무산될 가능성이 큰 기술이다.

마지막으로 인도인을 상대할 때 두 손 두 발 다 들었다는 항복의 자세를 보이면 인도인의 만족도를 높이는 효과가 있다.

'위기를 간파하는' 중국인

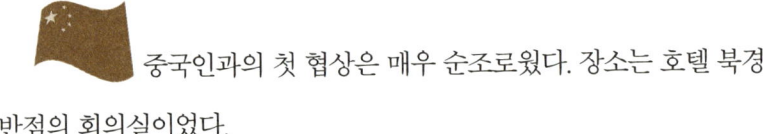 중국인과의 첫 협상은 매우 순조로웠다. 장소는 호텔 북경반점의 회의실이었다.

금덕무역의 미스터 진은 중국 정부 간부와 밀접한 인맥이 있어 그를 통해 합의한 계약 덕에 우리 회사는 지난 3년간 총 100억 엔의(약 1,300억 원) 제품을 판매할 수 있었다. 중국은 계약 하나가 거액의 이익을 낳는 세계 최고의 시장이다.

그러나 중국과의 계약은 황금알이 될 수도 있고 한낱 휴지조각이 될 수도 있다는 것을 명심해야 한다.

7개월 후, 금덕무역에서 또다시 18억 엔 상당의 제품 발주가 들어왔다. 여기서 하나 알아두어야 할 것은 중국에는 계약서가 없다는 것이다. 있어봤자 그리 큰 의미가 없기 때문에 거래주문서 한 장이 계약서를 대신한다. 중국처럼 거대한 거래가 주문서 한 장으로 성사되는 나라도 없을 것이다.

중국 측 은행과 일본 측 은행을 통해 거래하는 수출입은 안전하고도 일반적인 지불방법으로 L/C(신용장) 제도를 사용한다. 보통 수출 측이 수입 측으로부터 L/C를 받으면 지불보장을 받을 수 있다. 수출 측은 'L/C 수령 후 6개월 납기'라는 지불조건을 상대방에게 제시한다. 즉 L/C를 수령하지 않았다면 업체는 생산에 착수하지 않아도 되고 리스크를 회피할 수 있다.

그러나 이번에 우리 회사 측은 '중국의 발주서 수령 후 6개월 이내에 수주한 제품을 지정창고에 납품하고, 선적 1개월 전에 중국에서 보낸 L/C를 수령한다'는 조건으로 금덕무역과 협상했다. 지불이 확정되기 전에 생산해야 하는, 우리 측 리스크가 높은 조건이었다. 하지만 기존의 성공 사례가 있었기에 주문을 수주했고, 필사적으로 납기에 맞게 생산한 뒤 요코하마 창고에 납품을 마쳤다.

그런데 문제가 생겼다. 우리 측 담당자가 제품의 선적 준비가 완료되었음을 금덕무역에 수차례 연락해도 "중국 정부에서 L/C 개설이 늦어지고 있으니 조금만 기다려달라"고만 했다. 그 후 한 달이 지나도 L/C는 도착하지 않았다. 언제 선적될지 모를 18억 엔 상당의 재고를 끌어안은 담당부장은 새파랗게 질렸다. 미스터 진은 면담을 요청해도 "가족이 아프다" "한동안 중국에 없다"는 빤히 보이는 변명만 늘어놓고 요리조리 피하기만 했다.

처들어가기 전에는 얼굴을 볼 수 없는 상황까지 오자 우리는 중국에 알려진 유명 일본상사의 이름을 빌어 어렵게 미스터 진과 면담을 했다. "유명 상사가 신규 사업 착수에 미스터 진의 도움을 요청한다"는 말로 그를 유인했다.

북경반점에 나타난 미스터 진은 사전에 연락해놓은 대로 프런트 직원의 안내를 받아 회의실로 들어갔다. 미스터 진의 입실을 확인한 우리가 곧바로 노크를 하고 들이닥쳤을 때 그의 경악한 얼굴은 지금도 기억이 생생하다.

일본인 여럿에게 둘러싸여 꼼짝도 못하게 되자 미스터 진은 마지못해 입을 떼기 시작했다.

"실은 수주할 때 협상했던 정부 간부 3명이 모두 다른 데로 발령이 났어요. 새로 실권을 쥔 간부는 일본 제품에 아예 관심이 없고… 단지 그 이유만으로 새 정부는 똑같은 제품을 독일에다가 신규 주문까지 해버렸어요."

미스터 진도 전혀 예기치 못한 인사이동이었고, 달리 손쓸 방도도 없었다. 거듭 문의하는 일본 측의 연락을 요리조리 피할 수밖에 없었을 상황이 이해는 갔다. 또한 애초에 미스터 진과 정부 간에도 구두합의만 이루어졌을 뿐, 주문서가 없었다는 점도 드러났다. 결국 우리는 어렵사리 미스터 진을 만났지만 이 대형주문이 신기루처럼 사라졌다는 사실을 확인했을 뿐이었다.

더 힘들었던 것은 그 후의 손해배상 협상이었다. 미스터 진은 뉴욕을 협상 장소로 지정했다. 나는 곧바로 뉴욕행 비행기 티켓을 끊고 여느 비즈니스맨들처럼 탑승 전의 빈 시간을 이용해 나리타에서 이메일을 확인했다.

"나는 뉴욕에 안 간다. 마크 씨도 가실 필요 없다."

미스터 진이 보낸 이메일 내용이었다. 출국심사도 끝냈고 이제 탑승안내만 기다리는 상황에서 말이다!

'메일을 미처 확인 못했다고 하고 만나야지.'

미스터 진의 가족은 미국에 거주했다. 법적으로는 이민했어도 비즈니스는 중국에서 전개하고 있기 때문에 홍콩과 뉴욕을 오간다는 이야기를 들은 기억이 났다. 모 아니면 도라는 심정으로 나는 10여 시간을 소요해 존 F 케네디 공항에 내렸다.

3월의 뉴욕은 한겨울 날씨였다. 호텔에 도착해 미스터 진에게 수차례 전화연결을 시도했으나 연결되지 않았다. 기분 전환 삼아 브로드웨이나 다른 곳에 가고 싶어도 언제 미스터 진이 나타날지 몰라 꼼짝도 못하고 기다렸다.

"그냥 일본에 돌아갑니다."

결국 포기하고 메일을 보낸 다음 날 아침, 미스터 진이 갑자기 호텔에 나타났다. 그러나 북경반점에서 만났을 때와 똑같이 '국영기업의 간부가 바뀌어서 자기는 손도 못 쓴다'고만 했다. 결국 뉴욕에서는 결론을 내리지 못하고 돌아왔다.

중국인과의 비즈니스를 통해 배운 점은 어떤 선례가 있더라도, 그리고 아무리 안전해 보여도 발주·지불 리스크가 동반된 상거래는 하지 말아야 한다는 점이었다.

물론 이는 만국 공통의 규칙이기도 하다.

그리고 위기에 대비하려면 상대방이 결정권자인지를 반드시 확인하고 협상에 임해야 한다. 협상 테이블에 나온 상대방이 어느 수준의 직책인지 파악해두지 않으면, 특히 중국과의 협상에서는 낭패를 본다. 어느 나라에서든 결정권이 없는 사람과의 협상은 시간 낭비다.

결정권자인지 아닌지를 알아보는 방법이 있다. 상대방이 민간기업인 경우 사장이면 당연히 확실하다. 국영기업인 경우 사장이 협상하는 경우는 거의 없으므로 어느 직급의 담당자가 나오더라도 합의사항을 정리하는 단계까지 가면 반드시 담당부장의 참가를 요청하도록 한다. 그러면 최소한의 리스크는 회피할 수 있다.

중국인은 어떤 수를 써서라도 리스크가 없는 쪽을 취한다. 자신의 능력을 부풀려 상대방의 신용을 쉽게 얻어내는 기술이 뛰어난 만큼 '잠자는 사자'인지 '호랑이 가죽을 쓴 여우'인지를 예리하게 간파해야 한다.

'틀린 주장으로도
승리를 거두는'
독일인

아무리 서양 문화권이 '개인주의'가 팽배하고 '남은 남, 나는 나'라는 가치관이 일반적이지만 독일만큼은 조금 달랐다.

독일 도르트문트에 1년, 케른 교외의 케르펜에 1년 거주하면서 협상 테이블에서 벗어난 일반 독일인들과 생활할 수 있는 기회를 가질 수 있었다.

도르트문트에 살던 당시 나는 큰 집을 개조한 아파트에 살았다. 처음 3개월은 방 3개에 서재까지 딸린 집을 혼자 관리하기가 힘들었다. 그래서 환갑은 넘기셨을 옆집 할머니께 일주일에 2번의 청소를 의뢰했다. 널

찍한 더블베드에 베개 하나만 놓고 독신생활의 자유를 만끽한 기간이었다.

그러다 아내의 도착이 임박했을 때 할머니께 "내일 아내가 온다"고 말씀드려놓고 출근했다. 나는 참고 삼아 말씀을 드린 것이었다.

저녁에 귀가해보니 깜짝 놀랄 일이 벌어져 있었다. 여느 때와 다른 꼼꼼한 베드메이킹bed making에 베개 두 개와, 그 위에는 분홍색 하트 그림이 얹혀 있었다!

대놓고 부부생활 잘하라고 응원해준 할머니의 연출은 아주 부담스러웠다. 일례를 들었지만 이런 식으로 독일인은 무척이나 참견하기 좋아한다.

케르펜에서는 큼직한 마당이 딸린 집에 살았는데, 마당의 잔디도 손질 못하고 새로 꽃도 못 심은 채로 일주일이 지나자 이웃 아주머니가 찾아왔다.

"왜 마당 손질을 안 하시는 거죠? 우리 집 2층에서 볼 때 경관도 좋지 않을뿐더러 도무지 신경이 쓰여서 안 되겠어요!"

결국 아내는 옆집 아줌마의 감독 아래 푹푹 찌는 한여름 대낮에, 그것도 매일매일 마당 손질을 해야만 했다. 주말에는 아무리 피곤하고 쉬고 싶어도 내가 잔디를 깎아야 했다(그것도 옆집 아줌마가 감독했다). 늘 누군가에게 감시당하고 사는 느낌이 싫어 얼마 후에 이사를 갔지만 그곳에도 비슷한 사람들이 살고 있었다.

독일인에게 들은 바로는, 독일에서는 디베이트(어떤 공통된 주제를 놓고 적절한 이유와 근거를 대면서 자신의 주장을 내세우는 것) 수업시간에 "틀렸더라도 주장을 굽히지 말라"고 가르친다고 한다.

"내 의견이 잘못되었다 싶어도 말을 뒤집지 말라.
무조건 내 생각을 인정하게 만들고 주장을 굽히지 말라."

이런 훈련을 받은 독일인과 협상을 하려면 굉장히 골치가 아프다. 마이어의 말대로 '사과할 줄 모르는' 국민이기도 하고, 협상 테이블에서는 한번 'NO' 하면 끝까지 'NO'다. 그 어떤 말로도 흰색을 검은색으로 바꿀 수 없다.

또한 독일에는 전문기술을 보유한 전문직에게 수여되는 '마이스터'라는 칭호가 있는데, 이 사람들은 고집에 자부심까지 더해 한층 힘든 상대다. 분위기를 풀자는 뜻으로 "잠시 식사라도……"라고 말을 건네도 "바쁜데 나갈 필요 없이 빵으로 때우고 회의나 마저 하시죠!"라는 대답이 돌아오기 일쑤다.

술은 엄청 좋아해서 접대 차 호텔에 초대라도 하면 미니바의 술을 싹 쓸이한다. 그러나 자신의 집으로 디너 초대를 해서는 치즈나 햄 정도밖에 내놓지 않는다.

그래도 독일인은 결정된 사항에는 매우 충실하고 규칙에 까다롭다. 즉 약속은 제대로 지키는 협상 상대다. 반대로 상대방이 조금이라도 계약과 관련해 어긋난 행동을 보이면 몰매를 맞게 되니 그들처럼 규칙과 약속을 잘 지키기 바란다.

마지막으로 독일인은 참을성이 많다. 우체국에서 아무리 줄이 길더라도 누구 하나 불만 없이 조용히 한 줄로 서서 순서를 기다린다. 불평하는 사람이 거의 없다는 것이 존경스럽다.

'잡담 속에 주장을 섞는' 프랑스인

 프랑스인은 협상을 즐긴다.

말도 많고 자기주장도 술술 끊임없이 늘어놓는다. 다른 사람들에게는 회의가 길어질수록 피곤해지는 복잡한 협상이 그들에게는 오락인 모양이다.

10년 전쯤에 이탈리아인, 프랑스인과 식사했을 때의 일이다. 우리가 들어간 퓨전 레스토랑에는 각종 와인이 구비되어 있었다. 프랑스인은 곧바로 "와인은 아무래도 프랑스산이 최고입니다. 그중에서도 부르고뉴 지방의 ○○마을에서 19××년에 생산한 와인이……"라고 설명을 시작했다. 그러자 이탈리아인이 그 말을 받아 "19××년이면 우리 이탈리아 베네토주의 레드와인도……"라고 끼어들었다.

"아, 네, 네, 그래요? 참, 프랑스에서 199×년에는 기후가 좋아서 최고의 와인이 탄생했는데, 아무래도 부르고뉴의 기후가 가장 좋았던 해는 198×년이었어요. 그리고 프랑스에서는……."

이런 식으로 이탈리아인의 이야기를 듣는 둥 마는 둥 모든 흐름을 억지로 자기 이야기에 맞춘다. 이탈리아인과 나는 듣다못해 녹초가 되었지만 프랑스인은 30분이 지난 뒤에야 간신히 와인(당연히 프랑스산) 하나를 주문하더니 활기차게 말했다.

"자, 디너를 즐겨볼까요?"

나는 젊은 직원들이 "프랑스인의 협상 기술을 알려달라" 혹은 "프랑스식 협상 기술을 터득하고 싶다"고 상담해오면 다음과 같은 포인트를 알려준다.

첫째, 사전에 충분히 준비하고 지식을 쌓아둘 것.

혼자 떠들고 내 주장을 끝까지 굽히지 않으려면 그만한 근거와 자신감이 필요하다. 내가 만난 어떤 프랑스인은 와인 테스팅을 해보더니 "이건 내가 아는 199×년 ××산의 와인과 맛이 다르네, 하더니 레스토랑 와인 셀러까지 가서 보관 상태를 확인했다. 소믈리에에 버금가는 지식을 갖추고 있었기 때문에 가능한 일이었다. 이런 식이니 자사제품과 시장조사를 철저히 준비해온 프랑스인일수록 협상이 버겁다. 이런 프랑스인을 상대로 말을 많이 하려면 제대로 된 지식을 갖추어야 한다.

둘째, '중구난방 대화술'을 터득해둘 것.

프랑스인의 이야기는 여기저기로 튄다. 장장 30분 동안 A라는 테마를 이야기하다가 어느새 애완견 이야기를 하고 있고, 그러다 신기하게도 프랑스의 시장 상황을 이야기한다. 대체 무슨 말을 하고 싶은지 난감해할 무렵 다시 A이야기로 돌아가서 결국 모든 이야기가 "깎아달라"는 한 마디로 집결된다.

게다가 그들은 '흐름이 내게 불리하다'고 깨닫는 순간 억지로 화제를 바꾸려고 시도한다. 그래도 변명 같지도 않은 변명이나 설득력이 전혀 없는 말을 늘어놓는 모습은 애교로 봐줄만 하다.

이렇게 아메바처럼 자유자재 화술로 상대방의 정신을 쏙 빼놓는 프랑스인은 상대방이 얼떨결에 "YES"를 말하게 만든다.

셋째, 즉각 "YES"라 답하지 말 것.

프랑스인이 아무리 일방적인 수다쟁이라지만 그렇다고 무작정 자기 이야기만 듣고 있는 대화 상대는 달가워하지 않는다. 비즈니스 상대든 친구든 남의 말을 묵묵히 듣고만 있는 사람이나 무슨 말에도 좋다 좋다 맞장구치는 사람은 싫어한다. 게다가 자기 의견을 제대로 말하지 못하면 '재미없는 사람'으로 치부하고 상대하지 않는다.

나는 프랑스인과의 협상에서 마이어에게 배운 '교사의 눈높이'를 확보하려고 일어나서 진행을 시도한 적이 있다. 화이트보드에 내 주장을 줄줄이 적어 내려가며 상대방의 네버앤딩스토리에 저항한 것이다. 그런데 프랑스인도 벌떡 일어서서 맞대응하는 바람에 우습게도 두 협상가가 화이트보드를 사이에 두고 선 채로 열심히 적고 토론하는 장면이 연출되고 말았다.

넷째, 무조건 체력을 비축할 것.

협상 테이블에서 만나는 프랑스인은 긴장을 늦출 수 없는 상대지만 식사 테이블에서 만나는 프랑스인은 완전 딴판이다. 그들은 식사 테이블에서는 유쾌하게 대화를 나누며 개인적인 이야기도 많이 한다. 그들도 라틴계 민족이라 그런지 식사를 함께하며 쌓는 친분을 중요시한다.

한번은 협상이 오전 9시에 시작해서 밤 9시가 되도록 끝나지 않은 적이 있었다. 독일인이나 영국인이었다면 집중도를 높여야 한다며 식사는 샌드위치로 때울 법한데 프랑스인은 협상과 식사는 별개의 개념이기 때문에 "제철이니까"라며 굴과 화이트와인으로 애피타이저를 먹고, "식사는 제대로 해야 한다"며 메인으로 고기 요리를 먹고 레드와인을 마셨다. 먹는 내내 유쾌한 대화가 이어지는 것은 물론이다.

술까지 곁들인 장장 12시간에 걸친 협상을 하면서 나는 파김치가 다 되었는데 프랑스인은 멀쩡했다.

말하기든 먹기든 모두 체력이 승부수다.

'당해낼 재간이 없는 끈기의 달인' 유대인

유대 국가 이스라엘의 텔아비브 공항을 출국하려면 철통심사를 거쳐야 한다. 일반적으로 국제선은 출발 2시간 전까지 탑승수속을 밟으면 되는데 이 공항은 3시간 전에 도착해야 한다. 출국심사에서 여군이 질문세례를 퍼붓기 때문이다.

방문 목적, 업무 내용 등의 질문은 이해가 간다. 그러나!

"당신이 하는 일은 이스라엘에 어떤 도움을 줍니까? 협상 회사의 이름은 무엇이고 소재지는 어디입니까? 이번 수주량은 얼마나 됩니까?"

이 정도의 질문은 마치 귀국 후에 상사에게 보고하는 듯한 착각에 빠지게 만든다.

"당신은 텔아비브에서 무엇을 먹었습니까? 그것은 첫날이었습니까, 이틀째였습니까? 호텔 객실 번호는 몇 호였고, 오늘 체크아웃은 몇 시에 했습니까?"

이런 질문이 30분 넘게 계속되니, 점점 짜증이 날 수밖에 없지 않은가.

처음에는 그냥 괴롭히는 줄 알았는데, 가만히 보니 직원은 질문의 답보다도 반응을 보고 있었다. 무난하고 사소한 질문의 답에 일관성은 있는지, 침착하게 대답하는지를 살피며 공항이나 비행기 안에서 위험행동을 일으킬 인물인지 아닌지를 테스트하는 것이다.

이유야 어찌되었든 텔아비브 공항에서 출국하려면 매번 이런 상황과 맞닥뜨려야 했다. 나는 이를 피할 방법을 모색하기 시작했다. 상대방의 물음에 되물음으로 대처해도 소용이 없다는 것쯤은 시도하자마자 깨달았다. 그래서 무표정으로 담담하게 대답했더니 상대방의 반감을 샀다. 최대한 밝게 대답해도 효과가 없다. 결국 참다못해 될 대로 되라는 심정으로 이렇게 말했다.

"나는 이 공항을 여러 차례 이용하는데 매번 다른 사람이 나와서 똑같은 질문을 하네요. 당신은 이름이 뭐요? 내 명함 뒤에 적어주시죠. 다음부터 당신을 지목하면 서로 시간 단축이 되지 않겠소?"

이러면서 명함을 건네자 그제야 직원의 험상궂은 얼굴에 미소가 번졌다.

협상 테이블에서도 마찬가지로 유대인의 끈기에는 당해낼 재간이 없다. 주장을 관철시키기 위해 온갖 방법을 동원해 협상을 이끌어내는 끈기는 유럽의 유대인이나 미국의 유대인이나 존경스러울 따름이다.

젊은 시절 유대인을 상대로 쓴맛을 본 경험이 있다. 한번은 협상 테이블에서 경쟁사 제품과 자사 제품을 설명하는데, 대략적인 준비만 해간 내게 제품의 디테일 하나하나가 어떻게 가격에 반영되었는지를 추궁하는 것이 아닌가.

또 한 번은 가격 면에서 절충이 되지 않아 회의를 중단하고 잠시 호텔로 돌아간 적이 있었다. 그때 유대인 협상가는 나를 호텔까지 바래다주면서 차창 너머로 보이는 거리 풍경을 설명해주었다. 그런데 점점 이야기의 흐름이 묘해졌다.

"텔아비브의 건물은 바우하우스 양식이 많은데요. 여기 토지 풍토에 잘 맞아요. 잘 아시겠지만 처음에는 나치스의 학대로 쫓겨난 건축가가 도입한 양식이었죠. 아참, 마크 씨, 5만 달러짜리 제품을 첫 거래에서 한꺼번에 10대 구입하면 몇 달러죠?"

나는 느긋하게 관광을 즐기다말고 허겁지겁 자료를 꺼내 "아, 그…… 첫 거래니까 가격은 조금 다운시켜서……"라며 준비해둔 숫자를 댔다.

"그렇게 해주시면 감사하죠. 아, 화이트시티입니다. 보이시죠? 세계유산으로 지정된 이후로는 일본 분들도 많이 오시던데요. 그런데 마크 씨, 초년도에 5대를 한꺼번에 살 경우와 20대를 한꺼번에 살 경우, 본사 쪽에서 제시하실 수 있는 가격은 어떻게 되나요?"

중요한 질문이라 열심히 계산하기는 했어도, 하면 할수록 머릿속이 복잡해졌다. 결국 숫자의 마법에 걸려들어 그들에게 유리한 조건으로 합의하고 말았다.

유대인은 끈기가 있고 사고가 논리적이며, 상대방의 심리 상태를 살펴가며 그 심리를 이용해 협상을 한다. 지극히 자연스럽게 분위기를 장악한 뒤에 자기주장을 상대방이 받아들이게끔 만드는 기술이 뛰어나다.

마이어와의 만남 이후 나는 유대인과의 협상이 아주 편해졌다. 아마도 내가 "유대인에게 이기자!"라는 마음을 버렸기 때문이라고 생각한다. 최고의 협상전문가 마이어를 만나 그를 순수하게 존경하고 그에게 '완패'를 당하고도 그의 언행을 거울처럼 따라했더니 도리어 도움이 되었다.

그래서 유대인을 공략할 때는 그들의 협상방법을 고스란히 모방해서 똑같이 돌려준다.

뛰어난 상대방을 이기려면 상대를 때려눕히는 게 아니라 그 사람이 되는 것이다. 유대인에게 배운 이 교훈은 많은 적들을 상대로 패배를 맛봐야 했던 유대인의 고난의 역사 속에서 체득한 기술이라는 생각이 든다.

어느 나라에서나
'해외출장을 즐기는'
기술

이제까지 세계의 다양한 협상 상대들을 훑어보았다. 확실한 것은 누구를 상대로 하든 나 자신은 변하지 않는다는 것이다. 76개국을 다녀 보니 어느 나라에서 협상에 임하든 흔들림 없이 '나'를 유지하며 "꼭 성사시키리라!"는 과도한 부담감은 버리고 해외출장을 즐기는 것이 좋다는 지론을 얻었다.

이번 장의 마무리로 해외출장을 즐길 수 있는 방법을 몇 가지 소개하겠다.

1 | 우리 문화를 알아두자

"일본 사람인데 분재도 모르냐?"며 인도인에게 면박을 당한 적이 있다. 서양에는 'BONSAI'를 취미 삼는 사람이 많다는 사실을 알고부터는 잡담 정도는 나눌 수준의 지식을 갖추어 두었다.

가끔 협상을 마치고 저녁식사를 함께하면서 그날의 성과를 화두에 올리는 사람이 있는데, 이미 끝난 이야기를 들출 필요는 없다. 괜히 화제 삼았다가 술기운에 쓸데없는 말이라도 해버리면 애써 합의해놓고 상대방의 불만만 들을 여지가 생긴다.

협상 테이블을 떠난 자리에서는 되도록 무난한 생활정보나 최신뉴스, 취미, 자신의 일상생활 등을 나누도록 한다. 상대방에게 내가 어떤 사람인지 알릴 기회로 삼으면 더욱 좋다.

2 | 무난한 화제와 금기 화제를 알아두자

골프처럼 세계 공통의 화젯거리도 있지만 먼저 꺼내지 말아야 할 금기 화제가 바로 종교와 사생활에 관한 질문이다. 결혼했는지, 자녀가 있는지 등의 가족구성에 대해서도 먼저 묻지 말라. 상대방이 먼저 꺼낸다면 유쾌하게 대응하면 된다.

3 | 제스처는 무언의 메시지임을 기억하자

재미없다, 마음이 들떠 있다……와 같이 시시각각 느끼는 기분은 반드시 태도에 나타난다. '눈은 입만큼 많은 말을 한다'는 말이 있듯이, 사람의 눈만 봐도 감정을 읽을 수 있다. 특히 표정이 풍부한 서양인은 습관적으로 상대방의 눈빛을 민감하게 관찰한다. 그러므로 자칫 무뚝뚝한 표정으로 보이기 쉬운 동양인들은 의식적으로 표정을 만드는 게 좋다.

그리고 팔짱을 끼고 남의 이야기를 듣는 사람들이 있다. 대부분의 나라에서 팔짱을 끼는 태도는 '소극적인 입장을 취하겠다'는 사인이다. 표정에 따라 다소 다르기는 해도, 자꾸 고개를 숙이면 "그래, 일리 있는 말이니 조건을 받아들일 수밖에 없겠군"이라는 사인이 된다. 이렇듯 무의식중에 취하는 태도에도 주의를 기울여야 한다.

또 어느 나라에서나 자주 시계를 보면 '시간이 없다' '다른 스케줄이 있다'라는 사인이다. 집중력이 떨어지기 시작했음을 알리는 메시지기도 하다. 또 휴대전화에 신경을 쓰면 전화가 걸려오든지 걸든지, 혹은 시간을 확인하고 있음을 나타낸다.

상대방이 자꾸 시간을 확인하는 제스처를 보이면 의도적으로 알리려는 메시지이니 내 쪽에서 먼저 스케줄을 물어 시간을 챙겨주는 것이 좋다. 피곤해 보이거나 안절부절못하는 태도를 보이면 중간에 휴식을 넣거나, 그날은 마무리하고 일정을 연기하자고 제안하라. 이런 부분은 서양인보다 동양인이 더 잘 챙기는 경향이 있으니 상대방에게 어필할 수 있는 요소가 된다. 이렇듯 협상 중에 상대방과 나 사이에 오가는 무언의 메시지도 민감하게 감지해야 한다.

4 | 성과에만 집착하지 말고 출장 자체를 즐겨라

나는 해외에 나가면 반드시 현지에서 환전을 하고 공항에서 호텔까지 직접 택시를 타고 이동한다(간혹 버스나 지하철 등의 대중교통을 이용할 때도 있다). 호텔에 도착하면 음료수나 껌 정도의 가벼운 군것질거리를 인근 슈퍼에서 구입한다. 환율이나 물가, 그 지역에 대해 대략 짐작할 수 있는 가장 좋은 방법이기 때문이다. 이미 구면인 거래처라 해도 마중을 나와주면 부담스러울 수도 있기 때문에 처음에는 혼자 현지 분위기를 즐기는 게 좋다.

그리고 해외출장이라고 해서 너무 경직되어 있지만 말고 유명 관광지에도 가보고, 그 고장의 음식도 먹어보도록 하자. 별문제가 없다면 밤거리도 걸어본다. 이런 경험들은 협상 테이블에서든 귀국 후에 회사에서든 화제를 풍부하게 만들 뿐만 아니라 나만의 소중한 재산이 된다. 나는 늘 메모지를 곁에 두었다가 뭐든 떠오르는 생각을 적는다.

참고로 택시나 가게에서 바가지를 쓰더라도 화는 내지 말자. 자칫 잘못하면 무서운 경험이 될 수 있으니 영수증만 받아놓고 "뭐든 좋은 경험이다"라고 넘기자.

5 | 비행기 좌석은 되도록 통로 쪽을 선택하라

창가에 앉게 되면 화장실에 갈 때마다 양해를 구해야 하고 여러모로 통로에 앉은 사람에 맞추어 행동하게 된다. 협상은 내가 분위기를 주도해야 성공한다. 이런 작은 부분부터 신경 쓰자.

6 | 차량이동 시 뒷좌석에 덥석 앉지 말라

협상 상대가 차량을 마련해준 경우, 우리나라와는 '상석' '하석'이 다르다는 점도 염두에 두자. 택시나 기사가 딸린 리무진이라면 별개지만, 대부분의 나라에서는 운전석 옆 조수석이 '윗사람'이 앉는 자리이고 뒷좌석이 부하직원들이 앉는 자리다.

7 | 아무 곳에서나 부하직원을 꾸짖지 말라

부하직원을 데리고 출장을 가면 답답할 때가 있다. 낯선 장소에선 안 그래도 신경이 곤두서 있는데 옆에서 우왕좌왕하면 화가 치밀어 오른다.

서양에서는 집안싸움을 공공장소로 끌어내는 것을 수치로 여긴다. 게다가 아무리 부하직원이라도 상대방을 한 인간으로서 존중하지 못하는 사람은 제대로 된 비즈니스맨으로 보지 않는다. 이는 비단 해외에서만 해당되는 이야기가 아니라 국내에서도 마찬가지다.

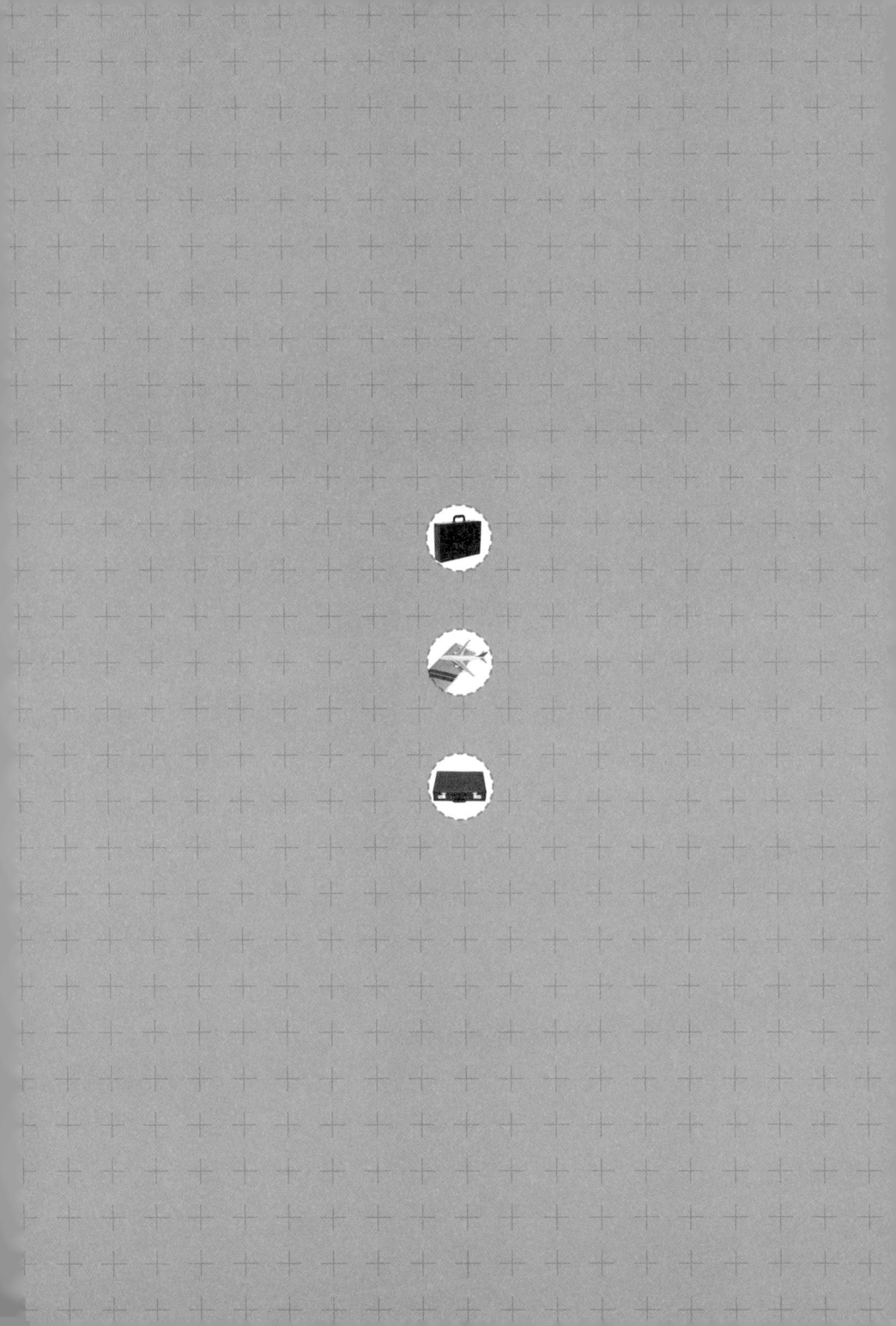

Chapter 3

쉽게 넘어오지 않는 상대에게 'YES'를 이끌어낸 기술

협상이
 서툰 '원인'
 짚어내기

"협상을 잘해서 내가 원하는 방향으로 진행시킬 수 있다. 지금에 만족한다."

독자 중에 이런 분은 별로 안 계실 것이다. 어떤 이유든 협상 기술을 터득하고 싶거나 현재의 기술을 업그레이드시키기 위해 책장을 펼쳤으리라 생각한다.

그런데 기술적인 노하우를 습득하기 전에 혹시 "협상은 피하고 싶다" 혹은 "협상이 서투르다"는 생각을 갖고 있는가? 그렇다면 그 '원인'이 무엇인지 짚고 넘어가야 한다. 그렇지 못하면 다음 단계로 넘어갈 수가 없다.

다음의 5가지 원인을 참고로 자신이 어떤 타입에 속하는지 살펴보기 바란다.

Type 1 | 협상이 서툴러서 무조건 피해왔다.
Type 2 | 협상하러 가놓고 금세 타협하고 돌아왔다.
Type 3 | 협상을 마친 뒤 관계가 나빠질까 봐 두렵다.
Type 4 | 상대방에게 배려를 못한 채 내 주장만 펼치다가 실패했다.
Type 5 | 협상 자체를 싫어한다.

협상이란 전혀 다른 의견을 조율해서 합의점을 찾아내는 과정이다. 그러나 '상대방과 다른 의견'을 명확하게 주장하기가 익숙하지 않거나, 남과 다른 의견을 드러내는 것 자체가 서투른 사람들이 있다. 이런 사람들은 **Type 1**과 같은 인식 때문에 아예 협상을 피한다.

불가피하게 협상 테이블에 임하고도 '상대방이 나를 싫어하지 않았으면' 싶어 자기주장을 못하는 사람이 있다. '이렇게 세게 나가면 실례가 되겠지'라고 생각해 금세 타협해버리거나, 바로 YES라고 말해버린다. 또 **Type 3**처럼 '양보하지 않으면 싫어하겠지'라는 걱정이 앞서 주저하는 사람도 있다.

"누가 뭐라던 내 의견만 말하면 됐지!"라며 의욕만 앞서 오로지 자기주장만 하는 Type 4도 원인을 따지고 보면 앞선 세 타입과 마찬가지다. 협상은 나와 상대방이 동등하게 의견을 펼치지 못하면 성립되지 않는다는 기본을 이해하지 못한 것이다.

또한 협상에서는 상대방의 심리를 살피는 것이 중요한데, 그 작업을 '비겁하고 나쁜 짓'으로 여기는 사람들이 있다. Type 5에 해당하는 사람은 아마도 당당한 삶의 태도를 선호하는 외골수 기질일 확률이 높다.

그러나 협상이란 자신의 화통한 성격을 어필하는 자리가 아니다. 다시 한 번 말하지만 하나의 목표를 향해 상대방과 합의점을 정해나가는 비즈니스다. "내 성격에 안 맞는다, 밀고 당기기는 싫다"는 말은 "나는 자유인이라 9시까지 출근하기 싫다"는 말이나 마찬가지다. 게다가 밀고 당기기란 비겁하지도 않을 뿐더러 부정행위도 아니다. 상대방의 의도를 파악하면 협상의 무기가 되고 활용법에 따라서는 배려도 된다.

협상은 피할수록 싫어지는 법이다. 현장 경험이 없으면 자신감도 떨어지고 협상이 서툴다. 지금이라도 원인을 찾아 '협상'에 대한 묵은 고정관념을 씻어내면 비즈니스를 떠나 생활 속의 모든 일들을 재미난 게임처럼 즐길 수 있을 것이다.

YES와 NO를 자유롭게 컨트롤하기!

 누구든 협상에서 흔쾌히 YES를 말하지 않는 이유는 다음의 3가지다.

1. 내가 먼저 순순히 YES라고 말하기 싫다.
2. YES라고 하면 만만하게 볼 것 같다.
3. YES라고 대답할 근거가 필요하다.

이유를 순서대로 설명하자면, 우선 협상을 제안하자마자 "제안 내용이

참 마음에 듭니다. 답변은 YES입니다"라는 대답이 돌아오는 환상적인 협상은 1만 번의 협상을 거쳐 온 나도 한 번도 경험한 적이 없다.

대신 협상을 시작하자마자 속으로 바로 합의를 결심한 경우는 많다. 상대방의 오퍼와 우리 조건이 딱 맞아떨어지고 "굳이 설명이 없어도 합의서에 사인해도 되겠다"는 생각이 드는 안건일 경우에 그렇다. 그럼에도 바로 고개를 끄덕이지 않는 이유는 무엇보다도 '굳이 내가 먼저 나서서 YES라 말할 필요 있나'라는 이유에서다.

그렇기 때문에 오퍼에 대한 첫 반응은 대부분 부정적이며 일단은 'NO'라는 답변이 돌아오게 마련이다. 이 점만 염두에 두어도 NO라는 대답을 침착하게 받아들일 수 있다. '첫 번째 NO는 인사나 다름없으니 한 귀로 흘리자' 정도의 대범함이 없으면 특히 서양인들 상대로는 협상하기가 힘들다.

첫 번째 NO를 마음에 담아두지 않고 협상에 집중하다보면 YES라 말할 수 없는 두 번째 이유가 보이기 시작한다. 그것은 상대방의 요구를 바로 받아들이는 '쉬운 상대'로 보이기 싫다는 자존심이다.

상대방이 자존심 때문에 YES를 꺼려하는 낌새가 보이면 기분을 맞춰주자. 상대방이 적극적으로 주도할 만한 화두를 던져 원 없이 말할 수 있도록 열심히 귀를 기울인다. 진작 알고 있는 시장정보인들 어떠랴. 오버액션으로 맞장구도 쳐라. 목적은 상대방의 자존심을 세워 YES로 유도하는 것이니 대세에 지장 없는 한 무난한 화젯거리를 고르자.

그러나 모든 협상 상대의 사고 회로가 이렇게 단순하기만 하다면 얼마나 좋을까. 상대방이 YES라고 말하지 않는 거의 대부분의 경우는 세 번째 이유, 딱히 YES의 이유를 못 찾았기 때문이다.

협상 테이블에서는 그리 중요하지도 않은 핑계를 대며 "이 조건을 받아들일 수 없어서 YES라고 할 수 없다" "내 요구와 이런 점이 달라 YES라고 할 수 없다"라는 식으로 결론을 미루는 장면이 연출된다.

협상이란 서로의 이익 추구도 중요하지만 의견 조율이 무엇보다 중요하다. 상대방도 어떤 시점에서 타협을 하고, YES를 말할지 생각하고 협상에 임하기 마련이다.

따라서 어떻게 타협시키느냐, 상대방이 YES라고 말할 수 있는 이유를 어떤 식으로 제시해주느냐가 관건이 된다.

이번 장에는 내가 각국의 협상전문가들, 그리고 마이어를 비롯해 유대인을 통해 배운, 실제 협상에 적용한 테크닉을 정리했다.

'80대 20'
법칙을
염두에 두기

　　　　　　이번 협상을 위해 만반의 준비를 갖추었다는 분위기가 상대방에게 전달만 되어도 주도권을 쥐기 쉽다. 이는 결과적으로 YES를 이끌어낼 수 있는 확률을 높이기 때문이다.

　학교 공부를 할 때도 예습을 제대로 해두면 수업 내용이 머리에 쏙쏙 들어오지 않는가. 아는 부분과 모르는 부분이 사전에 명확하게 파악된 상태가 되면 모르는 것에만 집중할 수 있고 필요에 따라 질문도 할 수 있다. 반대로 예습을 전혀 하지 않고 수업 주제도 모른다면 수업에 따라가기도 벅차다.

협상도 마찬가지다. 협상 테이블에 앉으면 상대방 이야기의 포인트가 무엇인지 귀를 기울이고, 미리 준비해간 내용을 토대로 합의할 길을 모색해야 한다.

협상은 준비과정이 80퍼센트요, 실전이 20퍼센트다. 준비만 제대로 하면 자신 있게 협상에 임할 수 있다.

또 준비과정에서 주제를 정하고 마이어의 노트 내용, '협상의 목표와 목적' '절대 양보할 수 없는 점'도 준비한다. 이 준비과정에는 '컨디션을 최고로 만들어놓기'도 포함된다. 시작 직전까지 서류 확인에 급급하거나 지각이 예상될 정도로 빠듯하게 움직이면 정신적인 여유가 없어 협상에 영향을 미칠 수 있다. 이래서야 어디 YES를 이끌어낼 수 있겠는가.

사전 준비는 진작 마쳐놓고 적어도 협상 시작 30분 전에는 대기상태에 들어가야 한다. 그동안 서류를 다시 훑어보는 것도 좋지만 '그냥 쉬는 시간'으로 설정하고 하는 일 없이 그저 편하게 보내는 것이 이상적이다.

그래서 나는 모든 협상 전에, 특히 '반드시 YES를 받아내고 싶은 협상' 전에는 시간적인 여유를 갖는다. 그래서 시계는 모두 정상 시간보다 10분 이른 시간으로 맞춰놓는다.

미국 출장 중에 시카고에서 뉴욕으로 이동했을 때의 일이다. 국내 이동인지라 부담 없이 생각하고 1시간의 시차를 깜빡한 것이다. 다음 날 아침, 자명종 시계 없이 일어난 시간은 7시였으나 뉴욕은 이미 8시였다. 협상 시간은 9시, 장소는 로워 맨해튼 월스트리트 부근의 상대 회사 사무실이었다. 내가 머물던 호텔은 어퍼 맨해튼 센트럴파크 부근.

맨해튼의 명물을 꼽자면 뮤지컬도 핫도그도 아닌, 옐로우캡의 심각한 정체다. 택시를 타자니 시간을 예측하기 힘들긴커녕 아예 지각할 게 뻔했다. 어차피 출근시간대에는 택시를 잡기도 힘들다. 좁은 골목을 누비고 다니는 버스는 애초에 생각도 안 했고, 그나마 믿을 만한 지하철은 도보를 포함하면 최소 30분을 예상해야 했다.

서둘러 호텔을 나서 행여 지각할까 불안해하며 지하철을 탔다. 평소라면 반드시 거치는 협상 전 체크리스트-마이어에게 받은 메모-는 확인도 못하고, 결국 10분 가까이 늦게 현장에 도착했다.

미국인은 다른 나라 사람들보다 시간에 엄격하다. 그들은 내가 도착하자마자 숨 돌릴 틈도 주지 않고 바로 협상을 시작했다. 나는 정신적인 여유 없이 본론으로 들어간 탓에 집중력이 떨어졌고, 결국 이날의 협상은 만족스러운 성과를 남길 수 없었다. 하루 전까지 빈틈없이 준비했고, 그리 어렵지 않은 협상이었는데도 불구하고 말이다. 협상에 임하기 전의 시간적인 여유와 정신적인 여유는 이만큼 중요하다.

만약 30분 전에 현장에 도착했더라면 금융맨들 틈에 끼어 느긋하게 월스트리트를 걸을 수도 있었고, 오피스 빌딩들을 구경하며 준비해둔 아이디어를 좀 더 깊이 고민해볼 수도 있었다. 맨해튼 곳곳에 있는 테이크아웃커피 전문점에서 커피를 사들고 여유를 부리더라도 10분 전에는 약속 장소에 도착했을 것이다.

협상의 승리는 준비 80으로 결정된다. 최종적으로 중요한 포인트는 실전 20에 있다지만 80없이는 불가능하다는 것을 뼈저리게 느낀 실수였다.

그리고 또 하나!

만약 회의에 늦을 것 같으면 즉시 상대방에게 연락을 취하는 것이 비즈니스 매너다. 단 이때 예상되는 시간의 두 배를 말한다. 15분 늦을 것 같으면 상대방에게는 "30분 늦겠다"라고 말한다. 이러면 만에 하나 다른 예기치 못한 상황이 추가로 발생하더라도, 다시 늦는다는 전화로 첫인상이 나빠질 염려가 없다. 게다가 예상대로 15분만 늦었다면 협상 시작 시간이 미뤄진 상태니 시작 전에 여유를 누릴 수 있다.

협상 목적과 목표는
확실하게
적어두기

목적 없는 협상은 없다. '비즈니스상 제휴 맺기' '가격 설정하기' '상품 구입하게 만들기' 등 그때마다 목적이 있다. 시장에서 주부들이 흥정하는 "1000원만 깎아줘요"도 어엿한 협상이다.

그러나 우리는 이 목적을 망각하기 쉽다.

상대방의 말에 설득력이 있고 공감한 상황에서는 제시된 조건이 당초의 목적을 이루지 못해도 너무 쉽게 받아들인다.

예를 들어 당신이 해외영업마케팅 부서의 직원이라고 가정해보자. 그리고 당신이 관리하는 핀란드에서 총대리점 A사의 구입판매수량이 기대

치에 미치지 못했다는 상황 설정을 해보자.

핀란드는 시장점유율만 보아도 북유럽의 타 국가들보다 미비한 수준이다. 그래서 지역담당자인 당신은 자사 제품의 '판매량 증가'와 '시장점유율 1위 확보'를 약속받기 위해 현지를 방문한다.

이번 협상의 목표는 '핀란드의 자사 제품 판매수량 증가 및 시장점유율 국내 1위 확보를 약속받기'이며, 협상 목적은 '확판(확장 판매)을 위한 방안을 협의한 뒤 계약조항을 책정하고, A사의 구입수량 늘리기'이다.

A사를 방문하자 낯익은 담당자 바이니오가 미소로 맞이한다.

"핀란드에서는 B사의 국산제품을 찾는 사람이 많다보니……. 같은 북유럽이라도 스웨덴이랑은 사정이 다르죠? 고객들의 의식이 달라지지 않는 한 더 이상 일제 제품의 쉐어share를 늘리기는 힘든 실정입니다."

바이니오는 영업 노력만으로 극복할 수 없는 현실을 강조한다. 당신은 그가 현황을 솔직하게 털어놓는 태도와 B사의 데이터에 고개를 끄덕일 수밖에 없을 것이다.

"하지만 일본에서 이렇게 힘들여 와주셨으니 5퍼센트 정도라면 구입수량을 늘려서 열심히 확판을 해보겠습니다."

열성을 다해 설명하는 바이니오. 힘든 상황 속에서도 구입수량을 5퍼센트 늘리겠다고 자발적으로 제안해주다니, 책임을 완수하려는 열의가 느껴진다. 이때 당신은 그를 동정할 것이고, 그의 노력을 인정해주고 싶어질 것이다.

핀란드는 과거에 계약했던 다른 회사들이 아무리 노력해도 시장점유율이 크게 늘지 않은 지역이었다. 그럼에도 바이니오는 어떻게든 수량을 늘려보겠다고 했다. 이번에는 이 정도 선에서 합의해도 될 듯하다.

당신은 어느새 모든 상황을 받아들이고 "어떤 상황인지 알겠네요"라는 식으로 이야기를 시작한다. 그 말에 바이니오도 기뻐한다. 현지 사정을 잘 이해해주는 좋은 파트너로 여기는 것이다.

"이번에는 구입수량 5퍼센트 증가로 합의합시다. 그리고 이 수치는 앞으로 업계 1위를 차지할 발판으로 삼도록 하죠."

바이니오와 합의의 악수를 나누면서도 당신은 그 말이 스스로에 대한 변명임을 알아차리지 못한다.

위의 협상 사례에서 NG를 체크해보자.

협상 목표였던 '판매수량 증가'를 이루기는 했어도 고작 5퍼센트의 작은 신장세다. 이래서야 시장점유율 1위를 차지하기는 어렵다. 또한 협상의 목적 면에서도 확판 방안에 대한 협의가 충분하지 못했다. 바이니오의 상황 설명에 납득만 했지, '그럼 어떻게 대처하느냐'에 대한 협의는 생략되었다.

이렇듯 협상을 하다보면 상대방의 말이나 분위기에 휘말려서 처음의 협상 목적이나 목표가 가려지는 경우가 있다. 감정이란 유동적이라 협상에서 아주 유용한 한편 완벽하지는 못한 툴이다.

2장에서도 언급했다시피 마이어에게 배운 방법 중 협상의 목적과 목표를 협상 전에 적어두면 매우 유용하다. 협상 중에도 거듭 확인할 수 있고 적을 당시의 감정을 되살릴 수 있기 때문이다.

협상에 들어가기 전의 결심을 차분하게 떠올리면 아무리 협상이 감정적으로 흘러가거나 열띤 토론이 벌어지더라도 목적을 잃지 않고 진행할 수 있다.

메모 양식은 한눈에 들어오고 이해하기 쉬운 항목나열식을 추천한다. 수치화할 수 있는 항목은 구체적인 목표를 숫자로 적어 '목표 달성 기한'도 정해두면 좋다.

그림 3-1 협상 전에 적어두어야 할 사항

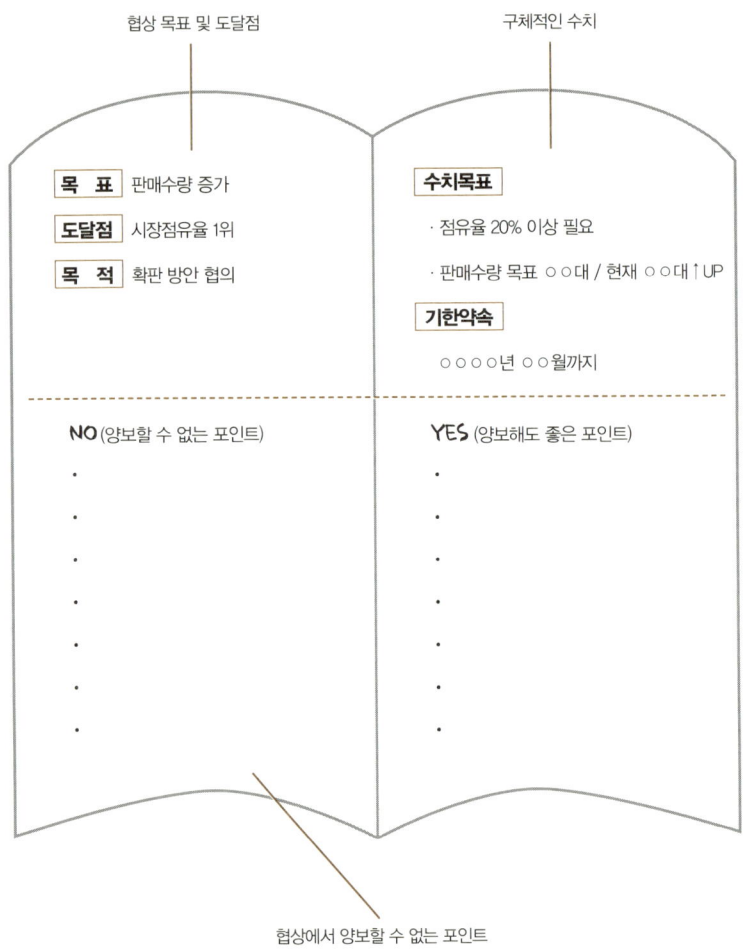

양보할 수 없는 선 긋기

　내게 유리한 조건을 상대방이 쉽게 받아들일 것이라는 행복한 환상은 버려라. 물론 상대방에게 유리한 조건을 당신이 쉽게 받아들여서도 안 된다. 이는 협상에 있어서 당연한 과정이다.

　서로 원하는 방향에서 최대한 근접한 결과를 이끌어내기 위해 협상을 하는 것이다. 내 주장만 고집하고 관철한다고 해서 성공적인 협상이 되는 것은 아니다. 반대로 쌍방이 팽팽하게 겨루기만 한다면 서로의 주장만 오갈 뿐 협의는 정리되지 않고 계약도 성사되지 않는다.

　협상에서는 밀고 당기는 유연함이 필요하다. 서로 납득할 수 있는

절호의 포인트를 찾아내는 과정이야말로 진정한 협상이다.

대신 절대 염두에 두어야 할 사항이 최종방어선을 그어두는 것이다.

상황에 따라 양보해도 괜찮은 부분과 끝까지 지켜내야 할 부분, 혹은 상대방의 주장을 받아들일 부분과 단호하게 거절해야 할 부분을 미리 정리해두어야 한다. 그러지 못하면 YES를 이끌어내기가 불가능하다. 어중간한 자세로 임한 협상은 결코 성공으로 이어지지 않는다.

그러니 협상 전에 '이 이상은 절대 양보할 수 없는 점'을 메모해두자. 아울러 '이 부분은 양보해도 되겠다'는 점도 함께 적어두면 도움이 된다.

상대가 노련한 협상가일 경우에는 화술에 휘말려 마치 최면에라도 걸린 듯 양보하는 경우가 있다. 또 갈팡질팡하는 심리 상태가 가장 큰 장애가 된다.

협상은 나와의 싸움이다. 'OK 해버릴까?'라는 식으로 흔들리기 시작하면 방향성을 잃고, 그러다 상대방에게 결정적인 찬스를 내주고 만다. 그때 '절대 양보할 수 없는 조건' 메모를 훑어보면 최면에서 깨어날 수 있다. 간단하게라도 메모해두어 협상을 진행하면서도 볼 수 있게 하자.

아직 직장 연차가 몇 년 안 되었을 경우 상사의 지시로 임하는 협상도 많을 것이다. 그럴 때에는 상사에게 미리 '양보할 수 없는 포인트'에 대해 조언을 얻어두자.

'중점 포인트'를 먼저 말하기

어떤 상대방이라도 'YES'를 이끌어내고 싶다면 먼 길로 돌아가지 마라. 특히 비즈니스 장소가 해외라면 단도직입이 최선이다.

협상을 하다 보면 '중점 포인트'를 마지막에 전달하는 사람들이 많다. 그것은 마치 나중에 먹으려고 남겨둔 맛있는 음식, 경기 마지막에 주장이 등장하는 검도의 대진표, 위기에 빠지고서야 비로소 등장하는 암행어사의 마패와도 같다.

마지막 대반전은 모든 문제가 한꺼번에 해결되는 느낌에 속이 시원할지 몰라도 외국인 상대에게는 되레 큰 불이익을 받을 패턴이다. 물론 먼저 상대방의 주장을 듣고 숨은 뜻을 알아내는 방법은 거창한 전술은 아니어도 좋은 습관이다.

그러나 협상의 흐름을 크게 바꾸는 주장을 꼭꼭 숨겨두는 것은 금물이다. 상대방에게 큰 실례가 될 수 있다. 상대방은 당신이 별 대꾸 없이 듣고 있으니 동의의 뜻으로 간주하고 이야기를 진행했는데 느닷없이 전혀 다른 주장을 펼친다면 상대방의 기분이 어떻겠는가. 아마도 입 아프게 설명해온 모든 과정이 허무해 분개할 것이다.

좀 더 이해를 도울 만한 예로, 연인과 이번 휴일에 어디로 놀러갈지 이야기하는 장면을 떠올려보자. 당신의 연인은 유니버설 스튜디오가 좋겠다며 인기 어트랙션인 'E.T 어드벤처'를 탈 생각에 벌써부터 들떠 있다. 당신도 "좋은 생각이야, 재밌겠네"라며 맞장구를 친다. 둘은 한참 유니버설 스튜디오에 대해 대화를 나눈다.

"그럼 인터넷으로 티켓 예매해놓을게!"라는 그(그녀)의 말에 당신이 느닷없이 "지난주엔 일이 힘들어서 몸도 피곤한데 록코 산에 가서 느긋하게 하이킹이나 하자"라고 말한다면 당신은 어떻겠는가?

이미 마음은 유니버설 스튜디오에 가 있는데, 갑자기 록코 산에 가고 싶다고 하면 상대방은 배신감이 들 것이다. E.T가 얼마나 귀여운지 잔뜩 신이 나서 설명했던 시간이 허무하게 느껴지고, "E.T는 눈이 진짜 귀여워"라던 당신의 말은 거짓말이었나 의심할 수밖에 없다. 어쩌면 큰 다툼 끝에 그(그녀)는 집에 가버릴 수도 있다. 휴일을 함께 즐기는 방안을 모색하려던 협상의 목표를 이루지도 못한 채 말이다.

모든 협상에는 테마(주제)가 있어야 한다. 초등학교 홈룸시간에 가장 먼저 "오늘의 의제는······." 하고 정하는 것과 마찬가지다.

협상 테마를 올바로 설정하려면 일단 서로 자기 요구를 전달한 뒤, 합의점을 찾아나간다.

앞선 예로 설명하자면 연인은 '유니버설 스튜디오', 당신은 '록코 산 하이킹'임을 애초에 명확히 제시한 뒤에 조율을 한다. 그리고 내가 테마를 정해버린다.

아예 먼저 "이번 휴일에는 자연에서 쉬었으면 좋겠다. 어디 좋은 데 없을까?"라고 이야기를 꺼내 테마를 정해버리는 것이다. 이렇게 내가 정한 테마를 전제로 협상을 시작하면 내가 원하는 방향에서 크게 벗어나는 경우가 없다. 사실 이 방법이 상대방의 YES를 얻어내기 위한 정석이기도 하다.

반대로 상대방이 '유니버설 스튜디오'라는 테마를 먼저 주장하고 그 전제로 진행된다면, 점점 내 주장을 펼치기가 어려워진다. 만약 이렇게 시작되었다면 우선권을 빼앗기기는 했어도 최대한 빠른 시점에 내가 하고 싶은 말을 해야 한다.

여담이지만 우리말은 어법상 결론이 나중에 오게 되어 있다. "제가 내일 상사와 함께 찾아뵙겠습니다"라는 식이다. 그러나 영어나 중국어, 유럽 대다수의 언어는 결론부터 내놓는 문법구조다. "나는 찾아뵙겠다, 당신 회사에, 상사와, 내일" 식이다.

 이 언어체계는 사고체계에도 영향을 미치다보니 자신이 입으로는 영어를 말하더라도 습관적으로 결론을 나중에 말하고 있지 않은지 신경을 써야 한다.

 언어체계의 좋고 나쁨을 논하자는 게 아니라, '먼저 주장한다'는 점을 의식해두면, 특히 해외 비즈니스에서 도움이 된다.

결렬도
불사하겠다면
자리를 박차고 나오기!

아랍에미리트연방, 두바이에서 있었던 일이다.

협상 상대는 당대에 알하산 사를 키운 젊은 창시자, 알하산 사장이었다. 협상은 오후 4시부터 상대 회사에서 시작되었다.

우리 회사의 판매대리점을 신규계약으로 체결하는 자리였고, 내년도 수주량까지 거의 결정이 난 상태였다. 지불조건에도 문제가 없음을 확인한 시점에서 나는 시계를 살폈다.

'6시. 슬슬 자연스럽게 마무리를 지어볼까.'

그러나 마지막 가격설정 단계에서 의견이 어긋나기 시작했다. 아무리 설명을 해도 합의점을 못 찾고 밀고 당기다보니 피곤함이 한꺼번에 몰려왔다. 더 안 좋았던 것은 그때가 라마단이라는 단식기간이었다는 것이다. 이 기간에는 입에 음식을 대서도 안 되고, 낮에는 물과 껌조차 금한다는 엄격한 규율을 지켜야 했다. 로마에서는 로마의 법을 따르자는 주의인 나는 현지 상황에 맞추어 점심도 못 먹고 몹시 허기진 상태였다.

일이 꼬이기 시작한 원인은 명백했다. 두 시간이라는 짧은 시간 안에 순조롭게 합의를 보고, 상대방이 제안한 최초 제시가격으로 결론을 내리는 찰나에 알하산 사장이 전혀 다른 가격을 제시한 것이다.

내가 제시한 가격에 그가 이의를 제기했다면 수긍이 간다. 하지만 자기가 먼저 제시하고 상대방도 합의하려는 가격을 바꾸다니 도무지 이해가 가지 않았다. 여차하면 애써 결정한 조건을 모조리 재검토해야 할 지경이었다.

사실 어마어마한 규모의 거래였다. 본사를 위해서는 완벽하게 마무리해야 할 협상이었다. 그러나 가격을 붙잡고 옥신각신하다보니 어느덧 시간은 8시를 훌쩍 넘겼고 내 인내심도 극에 달했다. 나는 내 노트를 거칠게 덮었다. 탁! 큰 소리가 났다.

"오늘 많은 말씀을 나눴지만 아무리 의논해봐야 결론을 내기 힘들 것 같네요. 이번 건은 그냥 없던 일로 하시죠."

"……."

"감사합니다. 언제 또 기회가 되면 뵙겠습니다."

노트를 덮는 행위는 '이 협상은 끝'이라는 사인이다. 결렬도 불사하겠다는 경우에만 사용할 수 있다. 내게 모든 사안을 백지화시켜도 된다는 선택지가 있을 경우의 제스처이니 웬만해서는 사용하지 않는 게 좋다.

벌린 입을 닫지 못하며 천천히 일어서는 알하산 사장과 악수를 나눈 뒤 나는 사무실을 나섰다. 그리고 뒤도 돌아보지 않고 대기시켜둔 차를 타고 호텔로 향했다.

좌석에 몸을 기대는 순간, 이 사태를 어떻게 수습해야 할지 불안감이 머리를 스쳤다. 본사의 기대가 큰 건이었다. 그러나 아무리 그래도 근거도 없이 같은 이야기만 되풀이하는 것은 시간 낭비가 될 게 뻔했다. 최선의 선택이었다고 스스로를 설득했다.

그런데 두바이의 번화가에 들어서고 호텔까지 10분을 채 남기지 않은 지점에서 휴대전화가 울렸다.

"알하산 사장님의 비서, 무함마드입니다. 사장님께서 한 번만 회사로 와주셨으면 하십니다. 드릴 물건이 있으니 꼭 부탁드린다고요."

이미 호텔이 눈앞이었고 같은 논쟁을 되풀이하기도 지겨웠다.

"죄송하지만 귀사와의 관계는 더 이상 유지하기 힘들 것 같습니다. 얼굴 뵙고 나눌 말씀도 없는데요. 호텔에 도착했으니 이만 끊겠습니다."

나는 정중하고도 단호하게 전화를 끊었다.

그 뒤로 음성메시지가 자꾸 들어오기에 휴대전화를 호텔 방에 두고 레스토랑에 갔다. 두바이는 아랍국가들 중에서는 드물게 술을 마실 수 있는 도시다. 메뉴를 대충 훑어본 뒤 맥주와 파스타를 주문했다. 허기를 달래고 머리를 식히고 나니 다시 돌아갈 걸 그랬나 싶었지만 후회한들 이미 엎질러진 물이었다.

다시 호텔로 돌아갔다. 심야였는데도 로비에 사람이 많았다. 엘리베이터를 타려고 엘리베이터 홀에 들어섰다. 그런데 키 큰 아랍인, 알하산 사장이 서 있는게 아닌가.

비서도 동반하지 않고 혼자 쇼핑백을 들고 서 있다.

"먼 일본에서 일부러 오셨는데 아까 이 선물을 깜빡했습니다."

알하산 사장은 머쓱하게 봉투를 내밀었다. 유능한 사장의 표정 뒤에 순박한 청년의 모습이 엿보였다.

"제가 맥주 마시러 나간 지 거의 두 시간이 지났는데…… 여태 기다리신 거예요?"

"아, 아닙니다. 아니, 뭐, 괜찮습니다. 그것보다 아까 안건은 다 마크 씨께서 말씀하신 조건으로 한 번만 다시 생각해주시죠. 가격은 처음에 합의 본 가격으로요. 구입수량은 낮에 정한 수량에 20퍼센트 더 추가하겠습니다."

결과적으로 이 협상은 해피앤딩으로 끝났고, 이날 이래 알하산 사장과는 좋은 관계를 유지하고 있다.

알하산 사장이 마지막 가격설정 때 왜 그런 행동을 보였는지는 지금도 모르겠다. 그러나 내가 이긴 비결은 '협상의 두 가지 법칙'에 있었다.

첫 번째, '빼앗기면 다시 갖고 싶어지는 법칙'. 눈앞에 있고 언제든지 가질 수 있었던 것이 갑자기 멀어져갈 때 갖고 싶어지는 심리를 잘 이용한 것이다.

두 번째, '멀어지면 되돌려놓고 싶어지는 법칙'. 가격에 대해 "제발 다시 한 번 생각해달라"며 매달리던 내가 갑자기 "그럼 됐습니다!"라고 단호하게 말하자 그는 황급히 타협을 했고, 나는 구입수량 20퍼센트 증가라는 기대 이상의 조건을 얻어냈다.

항상 이렇게 잘 풀리란 법은 없다. 호된 경험을 한 적도 있다.

하지만 도저히 아니다 싶은 경우에는 굳이 적당한 선에서 타협할 필요는 없다. 버릴 용기를 내면 신기하게도 마음이 가벼워진다. 이런 상태가 결과적으로 상대방이 돌아오게 만드는 계기가 된다.

답변을
보류할
용기 갖기

상대방이 기다릴까 봐 초조해하지 마라. 질문을 받은 즉시 대답할 줄 알아야 유능한 비즈니스맨이라 생각하겠지만 애매한 부분에 대해서는 절대 즉답을 피해야 한다.

협상 중에 궁지에 몰리면 당장 무슨 답이라도 해야 할 것 같아 조바심을 내다가는 적절하지 못한 답변을 하고 만다. 상대방이 노련한 화술로 몰아세워서 YES를 받아내려는 상투적인 술수가 아닌지 주의해야 한다.

나는 궁지에 몰려 말 그대로 절체절명의 위기를 맞은 적이 있다.

상대는 포르투갈의 기업이었다. A사라 해두자. 판매대리점으로서 업

적이 부진한 A사와 계약을 종결하는 것이 내 임무였다.

그러나 A사 입장에서는 계약이 종결되면 끝장이다. 당장 내일을 좌우하는 문제라 온갖 수단을 동원해서 계약을 연장하려 했다. 당연히 협상은 난항을 겪었다.

"마크 씨, 어찌 사람이 그리 매정합니까. 내년도 사업계획은 기대해도 좋다지 않소!"

장소는 리스본에 있는 A사의 회의실.

처음에는 그저 머리를 조아리고 울며 매달리던 A사의 사장은 내가 꿈쩍도 않자 태도를 완전히 바꾸었다. A사의 사장, 가명을 리카르도라 하자. 리카르도는 뒤에 있던 마호가니 장식장의 서랍장을 뒤적뒤적 뒤지더니 권총을 꺼내 마주앉은 탁자 위에 툭 올려놓았다.

진짜 권총이었다. 장전해두었는지는 총을 다룬 경험이 없는 나로서는 알 수 없었지만 눈을 가늘게 치뜬 리카르도와 거구의 부사장이 총을 놓고 나를 노려보고 있었다. 지금 떠올려도 심장이 벌렁벌렁 뛴다.

"마크 씨, 계약을 연장해주시죠."

리카르도는 총을 잡지는 않았지만 손끝으로 슥 쓰다듬으며 말했다. 이제는 협박이다.

그러나 아무리 협박을 당한들 협상 자리에서 경솔한 발언은 '목숨을 잃을 수' 있다는 뜻을 포함한다. 이때 나는 어디서 그런 침착함이 생겼는지 차분하게 상황을 판단하고 있었다.

협박을 받든 안 받든 A사와의 계약연장은 본사의 계획에 없었으니 내 권한으로 그 자리에서 계약연장에 동의할 수 없었다.

"알겠습니다. 검토는 해보겠습니다만 제 임의로 답해드리기는 어려우니 호텔에 돌아가서 본사와 상의하겠습니다. 오늘 회의는 이만 마치시죠."

나는 쥐어짜듯 말하고 자리에서 일어났다.

리카르도에게도 가족이 있다. 또 회사에는 직원들이 있다. 총을 꺼내 보일 정도로 궁지에 몰렸다지만 당장 발포하는 사고를 치지는 않을 것이라고 짐작했다. 다행히 짐작은 맞아떨어졌지만, 호텔로 돌아가는 차 안에서 나는 사시나무 떨듯이 벌벌 떨었다.

호텔로 돌아가자마자 본사와 연락을 취하고 협상을 재개하기는 했어도 두 번 다시 리카르도의 사무실에는 가지 않았다. 호텔 레스토랑이나 로비 등 제3자가 있는 장소에서 만났다. "잘 풀리지 않는 협상은 장소를 바꾸어야 한다"는 법칙과 "많은 사람 앞에서 총은 꺼내지 않으리라"는 상식을 근거로 판단한 행동이었다.

리카르도의 예는 극단적인 사례지만 어떤 궁지에 몰리더라도 즉답을 피하고 "확인한 뒤에 나중에 답변하겠다"라고 일단 협상을 종결짓는 방법을 취하면 난처한 상황일수록 도움이 된다.

회사나 상사에게 확인하고 스스로도 재검토해본 뒤에 답변해야 후회 없는 협상이 가능하다. 부족한 지식으로 답변만 즉시 한들 마지막에 신용을 잃는 경우가 많다.

이는 비단 협상에만 국한된 법칙이 아니다. 평소 사내에서도 상사의 질문에 대한 예비 지식이 부족하다면 답변을 보류할 수 있는 용기가 있어야 한다. "최신정보를 확인해서 말씀드리겠습니다"라고 대답해놓고 해당 내용을 꼼꼼히 검토한 뒤 정확한 정보를 전달한다면 유용한 정보와 상사의 긍정적인 평가라는 두 마리 토끼를 잡을 수 있다.

즉각적인 답변을 피했을 때 얻을 수 있는 이점은 또 하나 있다. 당장 답을 얻지 못한 상대방은 애가 타면서 초조해지기 마련이다. 이때 내가 답을 제시할 때까지 기다림을 통해 상대방의 심리를 조종할 수 있다. 협상에서는 시간을 장악한 쪽이 유리해진다.

즉답을 피하는 화법으로는 과장 급이면 "내게는 결정권이 없으니 이대로 안건을 가져가서 상사와 상의하겠다"가 정석이다. 부장, 이사 급이면 "우리 회사의 앞날을 좌우할 중요한 안건이니 간부들과 협의해서 이사회에 회부하겠다"며 이번 협상에 큰 비중을 두고 있다는 식으로 이야기하면 좋게 받아들인다. 결재권자인 사장일지라도 "회사 직원들이 공들여 검토한 안건이었던 만큼 다시 한 번 의견을 취합해보겠다"고 말하면 답변을 보류할 수 있다.

여담으로 내가 리카르도와 합의를 하기까지는 그로부터 반년이 더 소요되었다. 그냥 종결시킬 수도 있었지만 사생결단으로 총까지 내놓은 사태를 해피앤딩으로 만들어야 직성이 풀리는 내 고집이 작용한 결과였다.

섣부른
지식으로
대응하지 않기

　　　　　　협상에서 절대 범하지 말아야 할 금기사항은 남에게 들은 이야기를 마치 내 경험인 양 떠벌리는 일이다. 다소 자신 있는 화젯거리라도 '내가 그 분야의 진정한 프로일까?' '그 이야기로 한참 대화해도 상대방보다 더 많은 지식으로 맞설 수 있을까?'를 자문해볼 필요가 있다.
　보통은 협상 상대와 관심 분야가 비슷하기 마련이다.
　아무래도 같은 업계 내에서 경쟁이 이루어지는 경우가 많기 때문이다. 당신이 하는 말에 상대방이 별다른 참견을 하지 않는다면 말없이 당신의 지식 수준을 가늠하고 있는지도 모른다. 섣불리 아는 척했다가 큰코

다치지 않으려면 우선 상대방이 먼저 말하게끔 분위기를 유도하라. 사람은 자신 있는 분야에 대해서는 단숨에 모든 정보를 노출하는 습성이 있다. 또 이야기를 들으면서 상대방의 지식 수준을 판단할 수 있는 좋은 기회가 될 수 있다.

만약 내가 한수 위라는 판단이 서면 상대방이 모든 정보를 다 드러내고 한껏 우쭐해져 있을 때 한 단계 높은 화제를 던져 코를 납작하게 만든다.

상대방이 언급하지 않은, 보다 상세하고 효과적인 지식을 내 표현으로 말하면 된다. 이렇게 상대방의 기를 꺾어 놓으면 협상에서 내 발언의 설득력과 영향력이 커진다.

"만만하게 봤다가는 큰코다치겠어."

상대방이 이렇게 생각하면 심리적인 우위가 확보되어 YES를 이끌어내기 쉽다. 반대로 못 당하겠다 싶으면 아예 "한수 가르쳐주시죠"라는 겸손한 태도로 상대방의 기를 살려주면 오히려 잘 풀린다.

하지만 우리는 자신의 특기분야와 비특기분야를 잘 파악하지 못하고 산다. 특기분야인 줄 알았는데 그렇지 않거나 자신 없는 분야였는데 뜻밖에 남들의 주목을 받기도 한다.

그러므로 나만의 선입견으로 판단하지 말고 평소에 친구와 동료들을 통해 나에 대한 진솔한 평가를 받아두도록 하자. 스스로를 객관적으로 바라볼 수 있는 좋은 기회가 될 것이다.

또 모르면 모른다고 말하는 것을 수치로 여기는 사람을 위해 한 예를 들어보겠다.

협상 상대에게 자사 제품에 대한 질문을 받았다고 하자.

"이 아이맥스라는 상품은 모델 A100과 B120과 무슨 차이죠? B120 스펙의 수치가 A100보다 높은데 이렇게 되면 어떤 효과를 기대할 수 있나요?"

엔지니어가 아닌 당신은 이 상품의 기술적인 내용을 잘 모른다. 그럴 때 "금액 차이로도 드러난 바와 같이 사용하기 간편하고……"라며 잘 아는 양 설명을 시작하면 상대방은 어중간한 정보 탓에 개운치 못한 느낌을 받을 것이고, 당신의 얄팍한 지식은 금세 바닥을 드러낼 것이다.

그것보다는 "대단히 죄송합니다만 저는 자세한 내용은 잘 모릅니다. 다만 현재 납기가 3개월 이상 대기상태일 정도로 잘 팔리고 평가도 아주 좋은 상품입니다. 질문하신 부분에 대해서는 담당 엔지니어에게 확인해서 오늘 중으로 답변 드리도록 하겠습니다. 더 확인해야 할 다른 질문 있으십니까?"라고 솔직하게 대답해야 별 탈이 없다.

이럴 때 상대방은 당신의 솔직함에 당신에 대한 평가를 낮추기는커녕 "성실한 사람이다"라는 좋은 인상을 받을 것이며, 질문에 대한 답변 약속까지 제대로 지키면 반드시 제품을 구입해줄 것이다.

제안사항을
잘게 쪼개어
요구하기

처음부터 어마어마한 요구사항을 들이대면 바로 NO라는 대답을 받기 쉽다. 그러나 YES라고 하기 어려운 요구라도 잘게 쪼개어 여러 번에 걸쳐 제시하면 합의에 이를 수 있다.

인도 뱅가롤에 거주하는 미스터 베벡의 협상을 도운 적이 있다.

베벡은 오래 근무하던 회사에서 독립할 당시 창업에 필요한 5억 원 상당의 출자를 인도의 IT기업 B사에 의뢰했다. 그러나 베벡은 승낙을 얻어내기가 무척 어려웠고, 결국 협상이 성립되지 않아 포기하려던 참이었다.

 나는 베벡에게 이전 직장에 근무할 때 여러모로 도움을 받아서 그와 함께 출자회사를 방문해 협상을 돕기로 했다. 출자후보인 B사의 부장이사 세트램은 유능해 보이는 인도 신사였다.

 "이번에는 일본 분까지 대동해서 헛고생하러 오셨군요. 하지만 누차 말씀드린 대로 베벡 씨의 아이디어가 좋다는 것은 인정합니다만 실제 현실화시켰을 때 이익이 날 보장이 없어요. 출자는 어렵겠습니다."

 베벡은 아이디어의 독창성과 장래성, 미국에서 특허를 받을 준비도 마쳤다는 점, 5억이라는 출자금액은 B사의 사업규모를 미루어볼 때 부담스러운 금액이 아니라는 점을 열심히 설명했다. 그러나 세트램은 요지부동이었고 협상이 진전될 기미가 없었다.

 나는 일단 B사에서 나와 베벡과 함께 작전을 검토해보았다. 달디단 차이chai로 더위와 협상으로 칼칼해진 목을 축이고, 베벡이 준비한 기획서를 다시 훑어보았다. 책으로 내도 좋을 만큼 완성도가 높았다.

 "이만큼 완벽하게 만들려면 시간이 오래 걸리죠?"

 내가 묻자 베벡은 한심하다는 투로 대답했다.

 "뭐, 세트램 이사님께 벌써 네 번이나 퇴짜를 맞다보니 그때마다 다시 만들면서 완성도가 높아졌다고 해야 할까요?"

 참 힘들겠다며 웃어보이던 찰나에 나는 깨달았다.

 베벡은 퇴짜를 맞을 때마다 기획서를 새로 만들어 다음 협상에 임해왔다. 기획서 내용만 바꾸었지 작전은 그대로니 똑같은 NO라는 답변이 돌아올 수밖에 없지 않은가!

베벡과 나는 새로운 작전을 짜서 다시 세트램의 사무실을 방문했다.

"5천만 원이면 출자가 가능하시겠습니까?"

우리 제안에 세트램은 어안이 벙벙한 표정을 지었다. 그도 그럴 것이 출자해달라는 금액이 갑자기 10분의 1로 떨어졌으니 당연한 반응이었다. 그러나 우리 작전은 이게 다가 아니었다.

"저희 회사에 생길 만약의 사태에 대비해서 땅을 담보로 잡으셔도 좋습니다."

베벡은 창업하면서 자사 빌딩 용지를 확보한 상태였다. 작지만 인펀트리 거리라는 비즈니스가의 한 부분이고 상점으로도 사무실로도 적격인 우수한 입지 조건이었다.

세트램의 표정에 변화가 일어났다.

"그럼 손해 볼 우려도 없고 검토해볼 만하네요······."

세트램은 즉답을 꺼리면서도 바로 합의를 해주었다.

다음 번 협상에서 우리는 다음 조건을 제시했다.

"지난번에 합의한 5천만 원은 베벡 씨가 소유한 토지대금의 3분의 1에 해당됩니다. 만약을 대비한다는 의미에서 토막 난 땅보다는 한 묶음을 담보로 잡으시는 게 귀사로서는 마음이 놓이지 않겠습니까? 세트램 이사님, 땅을 100퍼센트 담보로 잡고 1억 5천만 원을 준비하시는 방법은 어떨까요?"

상대방 입장에서는 토지권리의 3분의 2를 남이 가진 상태로는 권리 다툼에 휘말려 문제가 발생할거란 우려가 틀림없이 될 것이다. 불안 심리를 자극한 작전이 그대로 들어맞아 1억 5천만 원 투자가 자사에게 유리하다는 이유로 합의에 도달할 수 있었다.

이런 식으로 상대방의 리스크가 적은 부분부터 덩치를 줄여 요구해나가면 처음 목표였던 대형 제안에 대해서도 YES를 얻어낼 수 있다.

상대방이
거절할 만한
조건을 던지기

내가 네덜란드에 주재하던 시기에 도쿄에서 친구가 놀러 왔다. 둘이 암스테르담 거리에 있는 강변 레스토랑에서 식사를 한 뒤, 느긋하게 산책을 즐기던 중에 친구가 골동품 가게 앞에서 걸음을 멈췄다. 이전부터 갖고 싶었던 모양의 단지를 발견한 것이다.

유럽에서 앤티크 선호는 유명하다. 암스테르담의 강변에도 골동품 가게가 쭉 이어져 있었다.

친구가 걸음을 멈춘 단지에는 가격표가 붙어 있지 않았지만, 골동품에 관심이 없는 내가 보아도 빨려 들어갈 것 같은 깊은 청색이 아름다운 단지였다.

나와 친구는 바로 가게 안으로 들어갔다. 비좁은 공간에 들어선 은촛대, 프랑스 유리공예가 에밀 갈레의 아르데코 램프, 나와는 전혀 인연이 없을 것 같은 상품들까지 둘러보다가 친구가 주인에게 창가에 장식된 단지의 가격을 영어로 물었다.

손님이 가격을 묻는 것은 단순한 흥미로 묻는 경우와 혹은 구체적으로 구입할 생각으로 묻는 경우 두 가지다. 유럽의 골동상들은 가격을 정하는 센스나 감식안도 뛰어나거니와 협상의 프로들이기도 하다. 어떤 사람에게는 한낱 잡동사니가 어떤 사람에게는 전 재산을 털어도 아깝지 않은 보물이 될 수 있는 세계가 앤티크다보니, 어떻게 들여오고 어떻게 파느냐는 협상인의 능력에 달린 셈이다.

"100유로 이하면 살 거야."

주인의 답변을 듣기 전에 친구가 일본말로 속삭였다. 우리 대화를 엿들었는지 못 들었는지, 어쨌든 일본어를 모르는 주인은 느릿느릿 일어서더니 창가에서 푸른 단지를 가져왔다.

'어디, 이 집 주인 협상 실력 좀 볼까. 분명 상대방을 면밀히 관찰해서 가격을 제시하겠지.'

납품가에 자기 이익을 더하면 판매가격이 되니 마진을 어느 정도 남기느냐가 협상의 폭이다.

"300유로요."

주인의 답변에 나는 혀를 내둘렀다. 역시 주인은 프로답게 친구의 차림새를 보고 얼마면 살 사람인지를 간파한 것이다. 물론 예상한 금액은 300유로가 아니다. 친구가 원하는 가격이 100유로임을 가늠하고 굳이 친구가 거절할 만한 조건을 내민 것이다.

물론 상대방이 거절할 만한 조건이란 포기해버릴 만큼 높지 않아야 한다. 만약 여기서 '1000유로'를 부른다면 친구는 아예 포기하고 가게를 나올 것이다. 터무니없는 가격으로는 손님을 놓치게 된다.

친구는 "300유로는 좀 비싸네"라며 웃었다. 주인은 빈틈없는 미소로 화답했다. 나는 흥미진진하게 두 사람의 흥정을 구경했다.

"실은 다음 달에 프랑스에서 상품이 들어오기 때문에 쇼윈도 장식을 바꿀 예정이요. 그때는 지금 있는 상품들을 반값에 세일할 텐데, 보름만 기다리면 어떠쇼? 안 팔고 보관해드리리다."

300유로짜리가 반값인 150유로라면 자기가 원했던 100유로에도 근접하고 저렴하게 사는 기분이 들어 타협해버리기 쉽다.

그러나 여기서 순순히 "정말요? 그럼 지금 바로 반값에 줘요"라고 반응하면 주인의 꾀에 넘어간 것이다. 주인이 내놓은 '다음 달에 반값'이라는 조건은 사실 오늘 제시해도 상관없는 금액이다.

나는 웃으며 친구의 답변을 제지하고 주인에게 말했다.

"안타깝네요. 이 친구는 다음 달은커녕 이번 주면 도쿄로 돌아가요. 제가 대신 사러 오고 싶지만 그 무렵엔 저도 프랑크푸르트 출장으로 여기

없으니……. 참, 이 가게는 오픈한 지 얼마나 됐어요?"

나는 최대한 '반값'에서 벗어난 화두를 던졌다. 그러자 바로 주인이 한 발 물러섰다.

"그래요? 관광이로군. 그럼 특별히 오늘만 반값으로 해드리죠."

상대방이 먼저 깎아준다고 나왔으니 일단 나의 승리다. 그러나 여기서 YES라고 해버리면 협상의 프로가 아니다. 반값이라는 조건이 나왔으니 이제부터가 본격적인 협상이다. 내가 먼저 졸라서 반값으로 사게 되었다면 그 즉시 게임오버, 가격은 150유로로 확정이다. 이때 상대방이 양보하면 '내가 거절할 만한 조건(300유로)을 먼저 말하고 YES를 받아내려 했다'는 작전을 꿰뚫어봐야 한다.

그 뒤로 나와 주인은 '협상의 프로'로서 서로 밀고 당긴 결과, 95유로라는 가격으로 합의를 보고 친구는 푸른 단지를 일본으로 고이 모셔 갔다.

기분 좋게
YES를 말하게
만들기

가격협상의 첫 번째 포인트는 상대방이 거절할 만한 금액을 제시하는 것이다. 물론 금액은 거절하면서도 관심의 끈을 놓지 않는 범위로 설정해야 한다. 왜 상대방이 거절할 만한 조건을 굳이 제시하느냐 하면 '두 번이나 NO할 수 없다'는 습성을 이용하기 위해서다.

주인이 거절당할 만한 조건(300유로)을 제시했기 때문에 친구는 한 번 NO라고 했다. 그래서 주인은 "반값으로 해주겠다"며 양보한 것이다.

보통은 상대방이 한 번 양보하면 또 NO라 말하기가 꺼려지기 때문에 이 대목에서 YES를 얻어낼 가능성이 크다. 이것이 앞서 말한 '상대방이 거절할 만한 조건을 던져 YES를 얻어낸다' 작전의 기본이다. 골동품 가게에서는 협상을 좋아하는 내가 같이 간 바람에 협상이 연장전까지 이어졌지만, 일반적으로는 '두 번이나 NO를 말하기 어렵다'는 패턴을 기억해두면 된다.

또 한 가지 기억해둘 사항은 주인이 부른 300유로는 친구의 기분을 위한 서비스였다는 점이다. 주인이 처음부터 100유로라고 했으면 친구는 100유로를 주고 바로 샀을지는 몰라도 그렇게 되면 단순한 쇼핑으로 끝난다. 게다가 친구가 느끼는 청색 단지의 가치는 100유로가 될 것이다.

그러나 300유로의 상품을 흥정으로 싸게 샀다고 생각하면 항아리의 가치는 300유로 그 이상이다. 흥정으로 가격을 깎는 데에 성공하면 원하는 물건은 물론이요 흥정에 성공했다는 성취감까지 덤으로 얻을 수 있다.

골동품 가게 주인이 설정한 300유로와 100유로라는 폭은 '협상을 즐기기 위한 폭'이요, 상대방에게 만족감을 줄 수 있는 폭이라는 말이다.

이 격차가 너무 심하면 역효과다.

1000유로짜리를 90퍼센트나 할인해서 100유로로 내놓아서야 효과는 절반도 기대하기 힘들다. 너무 크지도 작지도 않은 미묘한 폭을 설정하는 배려야말로 프로 협상의 기본이다.

격언이나
현자들의
말 빌리기

내 주장에 격언이나 현자들의 말을 덧붙이면 "나만 주장하는 게 아니라 다들 그렇다고 한다"라는 제3자의 지원 효과를 기대할 수 있다. 주장에 대한 권위나 신빙성으로 연결되어 상대방이 납득하기 쉬운 상황을 만들어준다.

격언은 사람들의 머릿속에 쉽게 남기도 한다. "격언은 기억나는데 나머지 내용은 전혀……"라는 협상이 있을 정도다.

나 또한 협상에서 종종 격언을 사용한다. 협상 중인 나라의 격언을 안다면 사용하고, 아니면 우리 격언을 직역으로 전달한 뒤 뜻을 보충설명하면 좋은 반응을 얻는다. 유대인의 격언도 자주 인용하는데 유대인은 전 세계에 흩어져 있는 만큼, 상대방이 그 격언을 모르더라도 설득력이 있다.

한번은 젊은 부하직원을 혼자 스위스 취리히로 보낸 적이 있다. 협상을 성공적으로 이끌어내는 것은 물론이고 책임자의 입장으로 일해보는 과정을 통해 자신감을 얻기를 바랐다. 인간은 동기부여를 강하게 느끼면 본래 실력의 1.5~2배나 되는 힘을 발휘하게 되어 있다. 다만 실패하더라도 타격이 적은 것으로 맡겼다.

그렇기는 해도 내 숨은 뜻을 알 리 없는 부하직원에게 다소 버거운 안건이기는 했다. 스위스 대리점의 책임자를 만나 금년도의 판매결과를 확인하고, 내년도 수주수량을 5퍼센트 상향조정, 판매가격을 3퍼센트 상향조정하라는 미션이다. 해외영업담당 3년차에게는 다소 벅찬 과제였다. 역시나 부하는 첫 해외출장으로 인한 흥분, 큰 임무를 맡은 기쁨, 그리고 기대만큼 성과를 올릴 수 있을지에 대한 불안감으로 혼란에 빠졌다.

나는 보내기 전에 그를 데려다놓고 여러 번 협상 시뮬레이션을 시켰다. 비로소 그가 "어떻게든 해보겠다"며 마음을 다잡은 무렵에 이런 이야기를 해주었다.

"내가 존경하는 유대인 협상가가 그랬다네. '자신감을 가지면 반은 이긴 거나 다름없다'고 말이야. 요 며칠 내가 실제로 체험해보고 효과가 있었던 노하우를 모조리 알려줬으니 걱정 없을 거야. 자네는

할 수 있어."

유대인 협상가란 물론 마이어다.

그저 나 한 사람만 "자신감을 가져라!"라고 격려하는 것이 아니라 나의 멘토인 마이어도 부하를 격려하고 있다는 인상을 주고 싶었다. 나는 또 이렇게 덧붙였다.

"유대인의 격언에는 '해결할 수 없는 문제는 없다'라는 말이 있어. 나는 이 말을 진심으로 믿는다네. 내가 자네보다 한두 살 많았을 때…….'라며 마이어와의 에피소드도 소개하자 부하는 순순히 내 말에 귀를 기울였다.

그는 무사히 취리히 임무를 완수하고 현재 우리 회사의 든든한 주미駐美직원으로서 활약 중이다. 마이어라는 '유대의 현자'의 힘을 빌린 '격려 작전'이 성공을 거둔 셈이다.

그러나 격언이나 속담을 남발하면 걸핏하면 주문을 외는 도사 같은 느낌을 주어 역효과가 날 수 있다. 자칫 잘못하면 '잔소리 선생님'이 될 수 있기 때문이다. 딱 맞아떨어지는 격언만 협상 1회당 하나 정도 사용하는 것이 적당하다.

주저하면
결단을 도울 만한
'계기' 제공하기

협상에서 상대방이 제시하는 조건은 실로 다양하다. 내 기대 이상이 있는가 하면 기대 이하도 있다. 구체적으로 가격 조건은 좋지만 납기가 빠듯하다거나, 여유롭게 추진할 수 있는 반면 이익이 적은 식이다.

선택지가 두 개 이상 되기 시작하면 최종판단을 내리는 데도 많은 고민을 하게 된다. 그러나 무엇이 되었든 하나를 선택해야 합의를 볼 수 있다. 생각해보면 결단이라는 말 자체가 무언가를 '결정決'해서 무언가를 '잘라낸다斷'는 뜻이다.

영국의 맨체스터에서 부부가 운영하는 회사와 협상했을 때의 일이다. 직함이야 사장과 부사장이지만 부부다보니 공과 사의 구분이 뚜렷하지 않아 경영자로서 결단을 내리기 힘든 듯했다.

그때 나는 A, B, C의 세 가지 제안을 했는데, 남편인 사장과 부인인 부사장 모두 결단을 망설이고 있었다. 상대방이 결단을 내리지 못할 때 제공하는 '계기'에는 두 종류가 있다.

우선 '지정추천법'.

모든 선택지가 우열을 가릴 수 없는 상황이면 "나라면 A안, B안, C안 중 이것을 선택하겠다"라고 안건에 포커스를 맞추어 설명을 한다.

"저라면 역시 B안이겠는데요. 가격 면도 좋고 조건 면으로도 B안을 추천합니다."

이렇게 유도하면 그대로 B안으로 정하는 사람이 있는가 하면, 내가 추천한 B안을 경계해서 A안이나 C안을 선택하는 사람도 있다.

지정추천법은 여러 선택지를 놓고 고민을 오래 하거나 혼자 단호하게 결정을 내리지 못하는 사람에게 효과적이다. 또한 협상시간이 길어지기 시작하면 누구든 '의사결정뇌'가 지쳐서 누군가가 등을 떠밀어 주면 결정을 내리기가 쉬워진다.

이 협상에서는 경계심이 강한 그들의 성격상 '지정추천법'은 맞지 않다고 판단해 '제거선택법'을 이용했다. 상대방이 내 이야기를 토대로 불필요한 선택지를 제거하도록 도와 최종선택을 하게 만드는 방법이다.

"A안은 하이리스크, 하이리턴입니다. 이익이 나면 큰 대신 마이너스가 될 가능성 또한 높습니다. 한편 C안은 무난하고 안전한 대신 동종업계의 타사 데이터대로 성공 사례가 낮습니다."

제거선택법은 뭐든지 직접 정해야 직성이 풀리면서도 결단을 내리지 못하는 사람에게 "몇 가지 선택지 중에 내가 골랐다!"는 만족감을 주는 효과가 있다.

나는 일부러 부사장을 향해 이야기했다.

영국 가정에서는 부인이 강한 결정권을 가진 경우가 많기 때문이다. 부사장은 B안을 마음에 들어 했으나 결정을 내릴 최종 권한은 사장인 남편에게 있었다. 그러자 놀랍게도 부인이 내 대신 '지정추천법'으로 남편을 설득하기 시작했다! 내 최종목표도 B안이었으니, 나는 그저 부사장의 의견을 간간이 뒷받침만 하면 되었다.

지정추천법이든 제거선택법이든 어떤 상대에게 어떤 방법을 제시할지를 잘 판단해서 활용하면 협상의 든든한 무기가 된다.

최종결정을 망설이면
벌떡 일어나서
악수하기!

사람은 마지막 결단을 내릴 때 불안해지거나 망설이게 된다. 이런 불안을 제거하고 최종결단을 순조롭게 내리려면 어떻게 해야 할까?

협상 테이블에서는 마지막 합의를 눈앞에 두고 상대방이 망설이면 더 이상 말이 필요 없다. 벌떡 일어나서 상대방 곁으로 다가가 웃으며 악수해버려라.

최근에 네팔에서 신규개척 협상을 했을 때의 일이다. 젊은 직원들에게도 현장을 보여주고 싶어 우리 쪽에서 2명, 상대방 쪽에서 3명이 모여 사흘 동안 회의를 했다. 대략적인 내용은 합의를 보았는데 마지막 단계에서 가격조율이 어려웠다.

아주 미세한 금액이라 내가 한발 양보하고 협상을 끝내도 좋았다. 네팔도 같은 입장인 듯했다. 그러나 젊은 직원들을 대동한 자리였기에 순순히 포기하기가 어려워 나는 박차를 가했다.

"마크 씨, 귀사와는 앞으로도 오래오래 협력관계를 유지하고 싶습니다."

나는 네팔 대표자의 발언을 놓치지 않았다. 이제 슬슬 마무리를 지으려는 신호였다. 나는 웃는 얼굴로 벌떡 일어나서 상대방에게 다가가 "물론 저희 회사도 같은 마음입니다. 이 조건으로 잘 부탁드립니다"라며 손을 쓱 내밀었다.

그는 잠시 어리둥절해 하다가 내가 바짝 다가가서 내민 손을 무시하지도 못하고 일어서서 악수에 응해주었다. 그것도 두 손으로 말이다. 상대방이 약간 양보해준 형태로 협상은 성립된 것이다.

이런 국면에서 나는 이제까지 300번 이상 동의를 요청하는 악수를 해왔지만 한 번도 합의에 실패한 적이 없다. 그야말로 꽝 없는 성공률 100퍼센트 방법이다.

단 이 방법은 타이밍이 매우 중요하다. 너무 빨라도 늦어서도 안 된다. 상대방이 최종판단을 내리기 전인 검토단계에서는 너무 이르고, 합의는 다음번으로 연기하자는 판단이 내려진 후에는 이미 늦다. "어떻게 하지?" 고민하는 바로 그때를 노려야 한다.

　중요한 대목에서 사용하는 악수 기술, 'YES를 받아내는 기술'임을 기억해둬라.

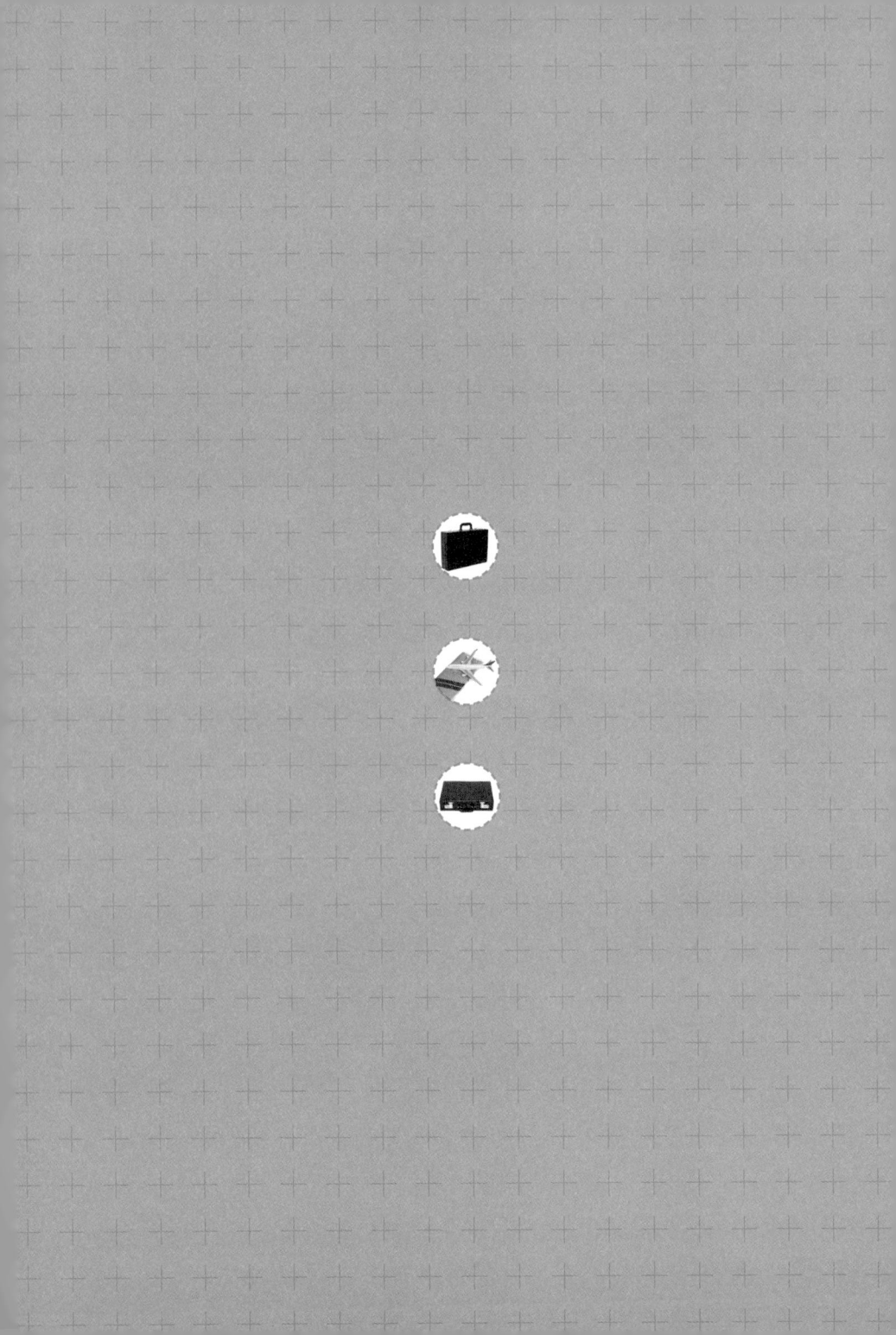

Chapter 4

협상은 끝나도 계속되는 비즈니스를 위한 윈-윈 기술

원하는
행동을
먼저 해주기

협상은 흥정이지 승부가 아니다. 서로 타협하면서 만족할 수 있는 결론을 내는 것이 목적이다. 그렇기 때문에 협상이 성립된 뒤에도 비즈니스 파트너와의 관계를 계속 이어가도록 노력해야 한다. 최악의 협상 수단이라 불리는 전쟁마저 강화조약을 체결한 뒤에 국교를 수립하지 않던가.

'협상에서 내 제안이 통했다' '협상에서 이겼다'는 기쁨을 누리는 것도 좋지만 협상 상대와 관계가 나빠진다면 아무 의미가 없는 일이다. 협상이란 의견을 조율하고 내 주장을 내세우면서도 상대방의 의견을 존중하며 서로 물러날 수 있는 지점에 연착륙하는 과정이다.

마이어에게 배운 가장 중요한 기술은 서로 만족스럽게 협상을 마치는 것, '윈-윈을 만드는 기술'이다.

상대방이 내 요구를 받아들이기 원한다면 상대방의 요구도 받아들여야 한다. 상대방이 뭔가를 해주기 원한다면 같은 행동을 먼저 상대방에게 해주는 것이 최선책이다. 마이어는 내게 실제로 그렇게 실천해 보였다.

뮌헨의 한 바에서 진토닉을 마시면서 그는 말했다.

"상대방을 위해 해줄 수 있는 최선의 행동을 먼저 해주세요, 마크 씨. 당신이 상대방에게 이익을 선사하면 상대방은 당신을 신뢰하게 됩니다. 신뢰를 얻느냐 얻지 못하느냐는 협상에서 가장 중요한 포인트예요. 신뢰만 있다면 협상이 다소 난항을 겪더라도 끝에 가서는 반드시 합의점을 찾을 수 있어요."

내 이익부터 챙기기야말로 협상에서 이길 수 있는 유일한 수단으로 여겼던 당시의 내게는 충격적인 말이었다. 그때 마이어는 마치 내 마음을 훤히 들여다보듯 내가 원하는 방식으로 대우해줬고, 협상도 매우 편안하게 만들어주었다. 결과적으로 나는 즉각 그의 팬이 되었고 신뢰하기에 이르렀던 것이다. 마이어는 신뢰관계 구축을 위한 중점을 하나 더 알려주었다.

"비즈니스에서는 내가 원하는 일을 상대방에게 해주기는 무척 쉽습니다. 이해관계라는 공통의 룰이 있으니까요. 하지만 한 길 사람 속은 모르는 데다가 국가가 다르면 더 하겠죠. 그래서 상대방을 만족시키기 위해 저는 상대방이 어떤 사람인지 알려고 노력합니다. 마크 씨에 대해서도 무엇을 좋아하는지, 어떤 특징의 인물인지 미리 알아보았어요. 마크 씨가 어떤 사람인지 궁금했거든요. 상대방의 마음을 읽으려면 그만한 노력이 필요합니다."

정말이지 마이어는 훌륭한 인격자이자 최고의 협상전문가였다. 상대방의 마음을 읽어내고 신뢰관계를 구축하면서 자신의 목표지점에 다가가는 테크닉도 '노트'에 꼼꼼히 적혀 있었다.

상대방이 고맙게 여길 만한 상황을 연출해서 쉽게 YES를 이끌어내는 방법, 상대방이 원하는 조건을 표현하기 전에 미리 제시해주어 기꺼이 YES라고 말하게 하는 방법, 협상을 끝내고도 계약서 이상의 인연으로 이어지는 YES를 받아내는 방법, 즉 윈-윈 기술이다.

이번 장에서는 마이어에게 배운 내용과 내 경험을 토대로 골라낸 협상의 목표, 윈-윈 기술에 대해 소개하겠다.

현명한
대체안
찾기

미국인과 협상을 하다보면 종종 다양하게 설명하는 것은 큰 의미가 없다는 생각이 든다.

강제로 주장을 관철하고 싶을 때 미국인은 온갖 수단을 동원해서 설명한다. 대부분 객관적인 데이터로 미국의 국세조사부터 일본연구소의 발표데이터, 대형컨설팅 회사의 분석에 이르기까지 실로 다양한 데이터를 제시한다.

그러나 어떤 설명이든 죄다 "50만 달러의 선약금을 달라"는 말로 귀결된다면 '50만 달러'가 도저히 합의할 수 없는 액수일 경우 다양한 데이터가 무슨 의미가 있을까?

주장을 굽히지 않으면서도 상대방을 납득시키려면 주장에서 크게 벗어나지 않는 대체안을 제시해야 한다.

예를 들어 내가 자사 제품으로 캐나다 판매대리점을 선정해야 한다고 하자. 6개월 동안 후보 회사들을 방문하고 이메일과 전화로 접촉한 결과 아틀라스 1개 사로 확정되었다. 대략적인 조건은 합의에 도달할 것 같으나 독점대리점 계약서의 유효기간만은 서로 양보하지 않으려는 상황이다.

제조사인 우리는 "최초 계약기간은 2년. 계약만료 3개월 전에 이후 3년의 기간연장 여부를 결정한다"는 오퍼를 내렸다.

반면 아틀라스 사는 처음부터 5년을 계약기간으로 잡자는 오퍼를 내렸다.

우리 오퍼는 최초 2년간 아틀라스 사의 실적에 따라 좋으면 갱신하고 나쁘면 계약을 종료할 권리를 가진다. 이 오퍼에 따르면 아틀라스 사는 초기투자를 했음에도 2년 후에 계약이 종료될 가능성이 있는 리스크를 떠안게 된다.

반면 아틀라스 사의 오퍼는 5년 계약으로 확정지어 놓으면 장기적인 투자가 가능해져 비즈니스를 전개하기가 수월해진다. 우리로서는 아틀라스 사의 실적이 아무리 나빠도 5년 동안 꼼짝없이 캐나다 독점판매권을 줘야 한다는 리스크가 있다. 가령 아틀라스 사가 2년이 지나도 전혀 이익을 내지 못해도, 또 별도의 유망한 대리점 후보가 나타나도 교체할 수가 없다는 뜻이다.

이렇게 어긋나는 패턴은 흔하다.

여기서 내가 "이 한치 앞을 모르는 시대에 5년 계약이라니, 어림도 없다"며 다른 국가의 데이터를 나열하거나 "계약기간을 2년으로 설정한 다른 대리점들도 80퍼센트 자동연장을 하고 있다"라는 정보를 제시한들 의미가 없다. 모든 설명이 '2년 계약'이라는 내 오퍼를 보강하는 내용이니 같은 말만 되풀이하는 것과 똑같다. 괜히 아틀라스 사만 궁지에 몰았다가 협상 분위기가 험악해질 우려가 있다.

이럴 때 대체안을 제시하면 윈-윈을 위한 길이 새로이 열린다.

"계약기간은 4년으로 합시다"라고 우선 '5년 계약'이라는 상대편의 제안에 최대한 근접하게 타협한다. 그래놓고 "단 계약체결 2년 후에 양자가 성과를 점검하고, 서로 만족스러우면 계약기간을 그대로 4년으로 유지하시면 어떻겠습니까?"라고 '2년 계약'이라는 내 의견에 근접한 타협안을 덧붙인다.

그러나 이것만으로는 아직 완벽한 대체안이 아니다.

"계약 후 2년간의 성과가 기대에 못 미칠 경우에는 협의를 거쳐 새로운 확인 조건을 정합시다. 그리고 2년 후부터 1년 동안은 그 확인 조건대로 영업이 이루어지고 있는지에 대한 확인기간으로 잡습니다. 그리고 3년이 경과된 시점에서 별 문제없이 영업이 잘 된다면 계약기간은 그대로 4년을 유지합니다. 성과를 얻지 못했다면 그 시점에서 계약종료. 어떨까요?"

여기까지 양쪽의 리스크를 보완한 제안이면 훌륭한 대체안이 될 것이다.

계약기간과 같이 의례 서로의 의도를 알 만한 사항에 대해서는 양자의 주장과 타협을 균형 있게 결정지을 수 있는 포인트를 예상할 수 있다.

중요한 것은 일단 상대방의 의견에 가깝고, 대신 그만큼 내 리스크를 보강하는 새로운 조항을 덧붙이는 것이다. 현명한 대체안은 모두를 해피 앤딩으로 이끌어준다.

간발의
차이로
이기기

모든 협상은 접전으로 끝나야 한다. 상대방에게 콜드패당 해도 안 되고 나만 압승을 거두어도 바람직하지 않다. 아무리 조건이나 협상 상대가 수월하더라도 그 점을 악용해서 추가조건을 받아들이게 만드는 것도 금물이다. KO승은 일시적인 쾌감은 있을지언정 "꽤 으스대던데"라며 당신에 대한 나쁜 소문이 퍼질 수도 있다. 강제로 YES를 받아내고 뒤끝이 좋지 않다면 협상을 하지 않는 것만 못하다.

협상은 한 번으로 끝나지 않는다. 다음 협상에서 상대방은 당신을 경계하고 강압적인 방법으로 반격할 가능성도 높다. 평소 같으면 유연하게 대응해줄 조건에도 "어디 너도 한번 당해봐라!"라며 거절할 수도 있다. 그렇게라도 끝나면 다행이지만 "담당자를 바꾸지 않으면 귀사와는 앞으로 관계를 유지할 수 없다"며 비장의 무기를 꺼내어 '출입금지'를 시키는 경우까지 있다.

쉬운 협상일수록 무조건 내 의견을 관철시키려는 생각을 조심해야 한다. 특히 젊은 시절의 나처럼 약간의 경험과 자신감이 생긴 무렵일수록 '가진 자의 베풂'이라고도 할 수 있는 이 부분을 잊지 말아야 한다.

협상에서는 반드시 이기면서 동시에 상대방이 "간발의 차이였어"라는 기분 좋은 느낌으로 끝낼 수 있도록 해야 한다. 그러려면 사전에 '절대 양보할 수 없는 점'과 더불어 '작은 타협점'을 적어두면 좋다. 필요한 상황이 닥치고 나서야 허겁지겁 떠올릴 경우 모순이 생길 수 있고, 너무 많이 타협해서 본래 목적을 달성하지 못할 우려가 있다.

타협점은 하나보다는 작게 여러 개를 준비해둔다. 그렇다고 내가 먼저 타협할 필요는 없다. 상대방이 자기주장만 내세워 결렬될 조짐이 보일 때 내가 먼저 작은 타협점을 제시해서 양보한다는 자세를 보인다. 그러면 그다음에는 상대방이 양보할 확률이 높다. 혹은 내 주장이 통하고 거뜬하게 이길 듯한 분위기일 때, 오히려 약간 타협을 해서 상대방을 세워주어도 좋다.

어느 쪽이든 '나는 분명히 타협했다'는 어필을 하면 반드시 협상의 뒤끝이 좋다.

당신이 협상에 이기더라도 상대방은 "간발의 차이였어"라며 자신도 최선의 노력을 했노라고 만족할 것이다. 반대로 상대방이 이기면 "고생 끝에 이겼다"며 만족도가 높아질 것이고 "협상을 수용해줬는데 나만 좋을 수 없다"며 당신에게 한 발짝 물러난 제안을 해줄 확률이 높다. 의외로 이렇게 작은 타협이 큰 성과로 연결되어 얻는 수확이 쏠쏠하다.

내가 타협하는 자세를 보이면 상대방이 나를 이해하고 신뢰한다. 또 협상이 끝난 후에 더욱 좋은 관계로 발전할 수 있다. 신뢰관계보다 더 나은 계약은 없다. 한번 좋은 관계가 형성되면 그 이후의 협상은 원활하게 이루어진다는 점을 기억해두자.

입장 바꿔
생각해보고
공격 중단하기

협상 테이블에서는 누구나 '나'를 중심으로 생각한다. 지극히 당연한 일이다.

만약 당신이 무척 힘든 일을 겪었고, 그것을 절친한 친구에게 말한다면 "힘들겠다"라며 걱정은 해주겠지만 어딘가 모르게 강 건너 불구경인 느낌은 부인할 수 없다. 특히 그 사람이 상상할 수 없는 일이라면 더욱더 내 심정을 헤아려주는 것을 기대하기란 힘든 일이다.

예를 들어 당신이 고양이를 키웠고 끔찍이 아꼈다고 치자. 그 고양이가 나이가 들어 죽었을 때 한 번도 애완동물을 키워보지 못한 친구에게 "너무 슬프다"라고 하소연한들 함께 부둥켜안고 울어줄까? 아마 울어주기는커녕 "고양이 하나 죽었다고 뭘……" 하고 귀찮게 여길지도 모른다.

그러나 애완동물을 키우는 친구라면 그 아픔을 헤아려줄 것이다. 혹은 고양이를 키운 경험은 없더라도 당신이 "가족이나 다름없었어"라고 말하면 당신의 심정을 이해하기가 더욱 수월할 것이다. 그렇기 때문에 말은 최대한 상대방이 머릿속에 떠올리기 쉽도록 전달해야 한다. 사람은 남에게 일어난 일은 불행이든 행복이든 입장을 바꾸어 생각해보아야 비로소 그 무게를 느끼는 법이다.

협상도 마찬가지다. 주장을 관철하려고 우선 하고 싶은 말로 밀어붙이다 보면 상대방과 공감하려는 배려심이 평소보다 떨어질 가능성이 크다. 그러나 윈-윈 협상을 하려면 상대방과 나의 입장을 바꿔 생각할 줄 아는 사고법을 반드시 터득해두어야 한다.

나는 호주에서 이 원고를 집필하는 중에도 그런 상황을 겪었다. 멜버른에 본사를 둔 컨텝 사와 호주 동부지역 대리점 계약과 관련해 상세 협의를 할 때였다.

호주는 지역이 광범위하기 때문에 1개 사 독점계약이 아니라 영역을 동서로 나누어 대리점 계약을 했다. 서부지역의 판매 대리권은 이미 킨웨스트 사가 보유한 상태고, 협상 중인 컨텝 사는 동부지역의 후보사들 중에서 경쟁을 뚫고 계약까지 도달한 우수한 회사다.

문제는 컨텝 사가 판매권을 가진 시드니, 브리스벤, 멜버른 등의 동부지역에서 만약 킨웨스트 사가 판매활동을 펼친다면 어떻게 대처할 것인지에 대한 논의였다.

컨텝 사의 담당자는 유능하기로 평이 자자하지만 호주인답지 않게 깐깐한 성격의 여성이었다.

"그렇게 되면 영역 침범 배상을 청구해야 하니 재판까지 가겠군요."

그녀는 당연한 투로 딱 잘라 말하더니 계약조항에도 분명히 적어넣으라고 요구했다. 나는 깜짝 놀라 "아무리 그래도 너무 가혹하지 않나요?"라고 부드럽게 제지했다. 킨웨스트 사는 우리 회사의 오랜 거래 상대였다. 우리 입장에서는 호주의 국내 판매가 원활하게 이루어지려면 동서가 대립할 만한 조항은 피해야 한다.

그러자 컨텝 사의 담당자는 한참 생각하더니 이번에는 이런 제안을 했다.

"그럼 마크 씨, 이런 조항으로 하시죠. 킨웨스트 사가 동부지역에서 판매행위를 했을 경우 1건당 5퍼센트의 영역 커미션을 요구하기로요."

이 또한 자기 회사만 생각한 일방적인 의견이자 굉장히 가혹한 조항이다. 현실적으로 수많은 국가의 경계선은 복잡하게 얽혀 있고 영업맨들의 영역 침범은 흔히 있는 일이다. 영역 문제와 관련한 대응법은 정할 필요는 있지만 서로를 처벌하는 엄격한 내용이라면 문제가 될 수 있다. 그래서 보통은 권리를 침범하지 않으면서도 융통성을 발휘할 여지를 남긴다.

나는 컨텝 사 담당자의 신경질적인 얼굴을 쳐다보며 물었다.

"그럼 귀사의 영업맨이 서부지역에서 영업활동을 펼쳤을 때에는 어떻게 할까요? 킨웨스트 사도 불러서 영역 커미션을 징수하는 계약서를 추가로 작성할까요?"

"……."

그녀는 한참 동안 말이 없었다. 영업맨이 영역을 침범하기 쉬운 사정이야 동부든 서부든 마찬가지다. 그때마다 5퍼센트나 영역 커미션을 징수하다니, 영업에 얼마나 큰 지장을 줄지는 입장을 바꾸어 생각해보면 뻔하다.

상대방이 일방적으로 혹독한 조건을 내밀 때, 혹은 나 혼자 앞만 보고 돌진하는 느낌이 들 때 잠시 입장을 바꾸어 생각해보라. 협상에서 의견은 제대로 주장해야 하겠지만 폭주열차가 되지는 말아야 한다.

'경청'은 훌륭한 윈-윈 툴!

상대방의 생각을 미리 알아두면 거의 모든 협상에서 이길 수 있다. 뿐만 아니라 협상 테이블의 분위기도 화기애애해지고 기분이 좋다.

"그야 당연하지만 상대방의 생각을 알아내기가 어디 쉽나요?"

아마도 이런 반론이 나올 것이다.

그러나 경험상 내 주장을 관철시키기를 최우선순위에서 내려놓으면 상대방의 생각을 대충 가늠할 수 있다.

무엇보다도 내 사고회로를 중립에 두고, 상대방이 이번 협상에서 어떤 성과를 원하는지에 초점을 맞추어본다.

가장 좋은 방법은 앞서 말했듯이 듣는 자세를 취하는 것이다. 서로가 동시에 자기주장을 내세우기 시작하는 장면은 흡사 동시에 칼을 뽑는 상황이나 다름없다. 상대방이 하는 말을 일단 모조리 받아들인 뒤에 내가 원하는 방향으로 자연스럽게 분위기를 몰아가는 편이 일을 진행하기가 훨씬 쉽다. 왜냐하면 상대방은 내가 자기를 받아들여주고 존중해주었다는 느낌을 받기 때문이다.

누구나 자신을 존중해주는 사람에게 호감을 갖기 때문에 철저히 듣는 입장으로 시작하면 좋은 첫인상을 만들 수 있다. 협상에서는 '경청'이라는 미덕이 무기가 된다.

그리고 내게 발언권이 돌아왔을 때 상대방의 발언 중에서 내가 합의할 수 있는 부분부터 찾아내서 언급한다.

이야기를 듣고 보니 구입수량이 대략 일치하겠다 싶으면 우선 구입수량을 의제로 삼는다. 혹은 내가 예상했던 납기일정을 상대방이 제안했다면 가장 먼저 납기에 대해 다루도록 한다.

늘 상대방과 내 의견에 합의점이 있지는 않겠지만 아무리 사소한 사항이라도 '합의'로 시작하면 서로가 공통의 목표를 위해 나아가고 있다는 공감대가 형성된다.

또 이야기를 듣는 자세나 맞장구, 내용에 대한 질문 수위를 조절하면서 상대방이 더 많은 정보를 제공하고 싶어지도록 유도할 수도 있다.

'질문력'으로
본심
끌어내기!

협상을 철저한 경청으로 시작해서 상대방에게 먼저 발언권을 내주는 목적은 4가지 이유에서다.

1. 상대방의 의향 먼저 파악하기
2. 그 정보를 토대로 해결책을 사전에 생각하기
3. 원 없이 말하게 만들어 상대방을 만족시키기
4. 상대방이 말할 동안 전략을 재점검하기

이런 이유에서 상대방이 먼저 말하게끔 유도를 하게 되는데, 누구나 말하는 것을 좋아하지는 않는다. 특히 베트남인, 타이인 등 동남아시아인들은 나서서 많은 말을 하기를 꺼려한다. 이런 경우 먼저 질문을 던져야 하기 때문에 조심스럽게 접근해야 한다. 자칫 잘못하면 취조하는 투가 되어 상대방이 불필요한 경계심을 품을 수 있기 때문이다.

일단은 첫 마디에 질문부터 하지 말고 이번 협상의 취지 등 가볍고 무난한 이야기로 시작한다. 그 뒤에 부드러운 질문을 조금씩 덧붙여 나간다.

예를 들면 "오실 때 길이 많이 막히던가요?"라는 식의 업무와 상관없는 일상적인 질문이나 해외라면 "비행기 여행은 어떠셨나요?"라는 질문이 좋다. 세계 각국의 협상에 참여하는 비즈니스맨들은 항상 비행기로 출장을 다니기 때문에 비행기 출장에 대해서는 누구나 일가견이 있다.

그리고 질문을 했으면 반드시 맞장구도 치고 상대방의 이야기를 성의껏 잘 들어주어야 한다. 뒤이어 시작되는 협상에서도 질문력이 그 이후의 분위기를 좌우한다. 누구나 질문을 받으면 일단 대답은 하게 되어 있다. 업무 이야기를 화두로 삼으면 분위기가 경직되기 쉬우니, 제3자적인 의견이나 일반론으로 풀어나가 경계심을 풀도록 한다.

우리가 모델로 삼을 수 있는 뉴스의 인터뷰어나 신문기자가 애용하는 질문 테크닉은 결코 어렵지 않다. '5W1H+YES/NO'를 기억하라.

'What무엇이, When언제, Where어디서, Which어느 쪽이, Who누가, How어

떻게'를 질문 한 개당 하나씩 포함시킨다.

"무슨 중학교 영어수업도 아니고……." 싶겠지만, 현장에서 너무 추상적인 질문을 해서 상대방이 답변하기 곤란하게 만드는 사람이 많다. 질문을 던지기 전에 내가 상대방에게 원하는 답을 떠올린 다음, 그 답으로 바로 이어질 만한 질문을 해야 내 취지가 정확히 전달된다. 위의 5W1H 질문은 모두 명확한 답이 나오는 질문이다. 여기에 YES or NO로 확실하게 답할 수 있는 질문을 덧붙이면 완벽하다.

상대방이 서양인인 경우 아시아인을 손아래로 여기는 경향이 있는데 이런 입장을 활용한 질문 테크닉도 있다. 일단 무조건 경청하는 자세로 말없이 고개만 끄덕인다. 그러면 서양인들은 '이 분위기대로 가면 순순히 합의하겠군' 하고 상대가 모든 조건을 받아들이리라는 전제로 강하게 나온다.

그때 당신은 상대방을 방심시켜놓고 설명이 끝나자마자 예리한 질문을 던진다. 상대방은 미리 준비한 소재가 바닥이 난 상태라 질문에 대한 답변은 이미 설명한 내용의 반복일 가능성이 높다. 그때 부드럽게 "그건 아까 말씀하신 걸로 알고 있는데요?"라는 한마디만 해도 당신을 만만하게 보면 안 되겠다는 인상을 줄 수 있다.

질문이든 설명이든 일어서서 온몸을 사용해 '동양인답지 않은' 열정적인 제스처를 취하기만 해도 무시 못 할 인물이라는 연출이 가능하다.

시비 건다고
바로 응수하지
않기

논쟁이 시비조로 발전해 험악한 분위기에 빠지는 경우가 있다. 흔히 있는 일이라고는 해도 너무 감정으로 치닫다보면 나 자신을 컨트롤하지 못한다.

"사적인 자리도 아니고 비즈니스 석상에서 그런 다툼은 있을 수 없다"는 사람도 있겠지만 골치 아픈 안건을 두고 하염없이 논쟁을 계속하다보면 서로 피곤해져서 예민해지는 것은 어쩔 수 없다.

특히 서양인은 동양인보다 사소한 일로 감정적인 반응을 보인다. 잘못된 반응이라기보다 특징인데, 눈앞에서 얼굴을 붉으락푸르락 하면서 손으로 테이블을 내리치는 정도는 예삿일이다. 말 공격도 꽤 거세다.

젊을 때는 나도 욱하는 성질에 화도 냈고, 그 탓에 담당자 자리를 빼앗긴 적도 있다. 그러나 경험을 쌓다보니 분에 못 이겨 화내는 사람은 그나마 귀여웠다. 정말 무서운 협상가는 기선제압의 수단으로 의도적인 고함을 지른다.

일본인의 경우, 고함을 지르며 상대방을 위압하는 협상 스타일은 거의 취하지 않는다. 도리어 상대방이 조금이라도 감정적으로 나오면 위축되는 사람이 많다. 협상 상대가 큰 소리를 낸다고 주눅 들어서 괜히 변명만 늘어놓고 자기주장도 제대로 펼치지 못한 채 불리하게 합의하기도 한다. 이렇게 상대방에게 눌려 억지로 합의한 협상은 두고두고 후회하기 마련이다.

그러므로 세계를 무대로 윈-윈 협상을 하려면 상대방이 감정적으로 나오더라도 그 감정을 가라앉히는 기술을 터득해두어야 한다. 최고의 방법은 맞대응하기 전에 한 번만 더 생각해보는 것이다.

반격은 언제든 가능하다. 괜한 조바심에 바로 맞받아칠 필요가 없다. 상대방이 감정이 격해지고 언성을 높이기 시작하면 감정을 가라앉히고 냉철한 이성으로 대응하라.

그러려면 말하기 전에 한 번만 더 생각하자. 한번 입 밖에 낸 말은 두 번 다시 주워 담을 수 없다. 나중에 돌이켜보면 "말실수였어, 참을걸" 싶은 상황들이 종종 있는데, 특히 협상에서는 한번 내뱉은 말은 수정할 수가 없다. 심지어 그 후로 이어지는 모든 거래가 말실수로 인한 발언을 전제로 전개되기도 한다.

외국어로 진행되는 해외협상에서는 모국어만큼 말이 자유롭지 않기 때문에 브레이크를 걸 수 있는 '틈'이 있다는 긍정적인 면도 있다.

나는 감정적인 생각이 들기 시작하면 무조건 입을 다문다. 말실수를 피하기 위해서다. 그리고 '감정적인 의견이 좋은 결과를 낳은 적이 있던가?'라고 돌이켜본다. 그다음으로 '감정적인 내 모습을 제3자가 볼 때 보기 좋겠는가?'라고 타인의 시선으로 나 자신을 바라본다. '감정을 노골적으로 드러내서 허용될 수 있는 이는 어린아이들이다. 나는 어린아이가 아니다'라고 스스로를 타이른다.

나는 이 세 단계를 거치면서 이성을 되찾는다. 그러면 '어쩌면 상대방의 말이 옳을지도 모른다'라고 차분한 판단을 내리게 된다.

10분
브레이크
효과

분위기가 험악해지거나 논의가 암초에 걸리거나 감정적인 언쟁이 벌어지는 상황은 흔하다. 다만 이런 상황이 지속되면 협상 흐름상 좋지 않으니 분위기를 전환할 필요가 있다.

공식적인 협상에서는 자리에 걸맞지 않는 잡담이나 농담은 피해야겠지만, 잡담조의 재미난 에피소드를 준비해두면 분위기를 전환하고 싶을 때 유용하다.

'잠시 본론을 벗어난 잡담'으로 협상의 분위기가 완전히 바뀐 경험은 터키에서 겪었다. 젊은 시절에 터키 이스탄불에서 투리시 사와 협상했을 때의 일이다.

터키 측은 부장과 과장, 일본 측은 나 혼자였다. 서로의 주장은 평행선만 그린 채 험악한 분위기로 치닫고 있었고, 협상은 결렬만 남겨둔 시점이었다.

노크도 없이 회의실의 문이 벌컥 열렸다. 투리시 사의 일마즈 사장이 예고도 없이 찾아온 것이다.

"미안해서 어쩌나, 임원 회의 때문에 이렇게 늦었지 뭔가!"

나중에 터키 측 부장에게 확인해보니 일마즈 사장은 사과할 이유도 없었다. 협상에 참여할 예정은 애초에 없었으니 말이다.

"내가 마크 씨한테 꼭 할 말이 있어서 부리나케 달려왔소."

수염을 기른 혈색 좋은 일마즈 사장은 그 자리의 험악한 분위기를 아는지 모르는지 내게 성큼성큼 다가오더니 악수를 청했다. 사장의 등장에 무슨 꿍꿍이속인가 싶어 경계했지만 그런 내게 일마즈 사장은 쾌활하게 말했다.

"러일전쟁에서 일본이 이겼을 때 얼마나 통쾌했는지 모르오. 노기 장군이 혈투를 벌여주지 않았으면 터키는 소련에 편입됐을 거고, 그러면 지금쯤 우리가 이렇게 비즈니스를 벌일 일은 꿈도 못 꾸었지 않겠소! 물론 나야 그때 당시 태어나지도 않았지만 말이오. 핫핫핫!"

그러나 아무도 웃지 않았다. 일본이었으면 사장이 농담을 하면 부하직원들이 억지로라도 웃었을 텐데 터키 직원들은 웃지 않았다.

그럼에도 일마즈 사장은 전혀 개의치 않고 말을 이었다.

"마크 씨, 나도 일본에 간 적이 있소. 흰 살 생선을 산 채로 먹었는데 진짜 살아서 팔딱팔딱 뛰는 게 아니겠소! 작은데도 어찌나 생명력이 강한지, 내 몸속을 꿈틀꿈틀 돌아다니면서 기름기니 뭐니 싹 씻어내고, 다음 날 아침에 산 채로 뒤로 나와 바다로 돌아갔다오. 일본 화장실의 청결함은 정말 훌륭했소. 생선 뼈 위에 놓인 회도 먹었는데…… 아, '이케즈쿠리(살아 있는 생선을 재빨리 회로 떠 잘린 살과 머리, 꼬리, 지느러미를 본래의 생선과 같은 모양으로 접시에 담아 살아 있는 듯 내놓는 방법)'라고 하는군. 아무튼 입을 뻐끔뻐끔 대기에 내가 수조에 도로 넣어줬더니 뼈만 남았는데도 헤엄을 치더라니까! 역시 일본은 사무라이의 나라요. 이런 경우에는 그렇게 얘기 안 하던가?"

외모가 얼핏 슈퍼마리오를 닮은 일마즈 사장은 꼬박 30분이 넘도록 내 곁에서 쓸데없는 잡담을 늘어놓았다. 그런데 그의 유쾌한 잡담에 험악했던 협상 분위기가 조금씩 풀리기 시작하는 것이 아닌가. 일마즈 사장도 흥이 났는지 농담까지 연속타로 날리더니 결국 회의실을 폭소의 도가니로 만들어버렸다.

"마크 씨, 오늘 밤에 스케줄 없죠? 호텔에 8시경에 갈 테니 식사나 같이 합시다."

일마즈 사장은 그 말을 끝으로 회의실에서 나갔다. 심각한 협상을 중단시키면서까지 내게 하고 싶었던 말이 고작 함께 식사하자는 소리였다니!

그러나 회의실의 분위기는 일마즈 사장의 '쓸데없는' 수다 덕분에 부드러워졌고, 결국 협상을 성공리에 마칠 수 있었다. 그날 밤 일마즈 사장과의 식사도 물론 최고였다.

일마즈 사장만큼 유쾌한 수다를 떨기는 어렵더라도 유머나 간단한 농담은 사람의 마음을 편하게 만드는 효과가 있음을 기억해두자. 숫기가 없어 도저히 농담을 하기가 어렵다면, 그밖에도 협상 테이블의 분위기를 바꿔주는 유용한 수단은 많다.

먼저 '10분 브레이크 효과'를 이용해보자. 논쟁이 격해져서 상대방이 감정적으로 나올 때 잠깐의 휴식 시간을 넣으면 흐름을 바꿀 수 있다. 10분이면 충분하니 꼭 시도해보기 바란다.

의견을 주고받다가 언성이 높아지거나 분위기가 험악해지면 어설프게 말로 얼버무리기보다는 "쉬었다 합시다"의 한마디가 효과를 발휘한다. 서로의 의견이 평행선만 그리며 도무지 결론이 보이지 않을 때나 내 입장이 약해지는 시점에도 유용한 작전이다. 기분전환을 하면 의외로 "타협해보자"라는 마음이 들기 마련이다.

잠시 쉬자는 말조차 꺼내기 어려운 분위기라면 "잠시 실례합니다"라고 말하고 화장실에 다녀오기만 해도 좋다. 어떻게든 꽁꽁 얼어붙은 분위기를 깨는 것이 목적이다.

또 '장소를 바꾸면 기분이 전환되는 법칙'도 기억해두자.

휴식시간을 넣어도 효과가 없을 경우에는 장소를 바꾸는 방법도 하나의 해결책이다. 늘 회의하는 장소에서 고비를 넘기지 못하고 제자리걸음이라면 회의실을 벗어나 커피 한 잔을 곁들여 서서 대화를 나누어도 좋다. 담배를 피운다면 흡연실이 되겠다. 그냥 잠시 바깥에 나가서 바깥공기를 쐬며 대화를 나누어도 상관없다.

화가 잔뜩 난 상대와의 협상에서는 어렵겠지만 일반적인 협상이라면 좋은 관계 형성을 위해 다음 안건을 저녁식사 자리에서 다루어보는 것도 좋다. 실제로 저녁식사를 통해 진전이 없어 막막하기만 했던 협상 상황을 타파한 경험이 몇 차례 있다.

'관대한 경제관념'은 존경받지 못한다

"세계 최고의 짠돌이 민족은?"이라는 질문을 받는다면 나는 이렇게 대답할 것이다.

"일본인을 제외한 모든 민족."

이것은 나의 농담 레퍼토리 중 하나지만 실제 그렇다.

일본인의 돈 쓰는 방식은 전 세계적으로 평가가 낮다. 구두쇠라는 뜻이 아니라 친한 협상가들에게 물으면 경제관념이 '지나치게 관대하다'는 의견이 지배적이다. 실제 일본인들은 "내가 좀 손해를 보더라도 이번에 상대방이 원하는 대로 해주면 다음에 챙겨주겠지"라는 식으로 상대방에게 선심을 쓴다.

  이 태도 그대로 외국인과 협상하게 되면 '돈에 관대한 사람'이 아니라 '비즈니스 센스가 부족하고 존경하지 못할 상대'로 평가받는다. 앞으로 오래오래 잘해보자는 의도로 먼저 양보하는 것인데 정작 상대방은 '이렇게 신뢰가 가지 않는 회사와는 파트너가 될 수 없다'고 생각한다.

  이 엇갈린 평가를 모르면 협상 첫 단추부터 잘못 끼우게 된다.

  '돈은 굉장히 중요하다'는 인식으로 깐깐하게 협상하자. 이것이야말로 상대방과 좋은 관계를 만드는 윈-윈 기술이다.

  유대 격언에 이런 말이 있다.

"돈은 벌기보다 절약하기가 더 어렵다."
"가끔 들어오는 1달러보다 지금 확실하게 들어오는 10센트를 잡아라."

  유대인 경제관념의 근원에는 '검소는 미덕'이라는 개념이 있다. 일본인은 만 원 내고 거스름돈이 8백원이면 "거스름돈은 됐어요"라고 말하지만 유대인은 8백원이든 80원이든 거스름돈이 정확한지 세어본다.

  일본 비즈니스계에서 흔한 "오늘은 제가 사겠습니다"라는 접대도 서양인을 상대로는 과잉 서비스로 비친다. 여담이지만 긴자의 고급클럽에 외국인을 데려간들 말이 통하는 호스티스가 없으면 좋아하지 않는다.

또 한번은 친한 서양인이 "여기 대체 얼마야?"라고 궁금해 하기에 그대로 알려주었다가 경악한 적도 있다. 상대방에게 통하지 않는 접대를 고집한들 아무 의미가 없다. 그럴 바에야 스탠드바에서 편안한 대화를 즐기는 편이 낫다.

비즈니스+α
관계
만들기

협상 상대와 인간 대 인간으로 관계를 맺게 되면 협상이 잘 풀리지만 모든 협상 상대와 친구가 될 수는 없는 노릇이다.

그래서 내가 추천하는 방법은 '비즈니스+α'의 관계다. 자연스럽게 개인적인 친분으로까지 발전하는 경우도 있지만 노력에 따라 여러 사람들과 약간의 +α적인 관계는 얼마든지 구축할 수 있다.

가장 좋은 방법은 잡담이다. 이제까지 경험상 상대방의 관심을 끄는 이야기를 할 줄 아는 사람은 협상도 잘 한다. 이런 사람은 정보 수집을 게을리 하지 않는다.

잡담의 달인이 되려면 화젯거리는 두 가지를 준비해두자. 하나는 대중적이지 않은 나만의 화젯거리. 이 분야만큼은 남한테 지지 않을 자신이 있는 소재를 취미든 뭐든 하나쯤은 갖고 있자.

또 하나는 누구에게나 맞출 수 있는 폭넓고 무난한 화젯거리. 폭넓은 정보 수집의 수단으로는 신문이 가장 좋다. 내 속도로 읽을 수 있고 국제적인 화제는 TV를 능가한다. 샅샅이 훑을 필요는 없어도 되도록 매일, 폭넓게 체크하려 노력해야 한다. 경제, 금융, 정치, 국제정세, 사회, 스포츠, 광고란의 헤드라인에 나오는 키워드만 확인해두어도 화젯거리에 다가가기가 쉽다. 해외 경영진들은 대부분 골프를 치기 때문에 골프 관련 기사는 반드시 체크한다.

잡담 시간은 반드시 식사 시간이나 만난 직후로 국한되지 않는다. 의외로 이동하는 시간이 '비즈니스+α'의 관계를 만드는 절호의 기회다. 함께 걸으며 나누는 대화는 왠지 친밀감이 더하다. 같은 방향을 바라보며 움직여서 그런지 거부감 없이 마음을 열 수 있다.

대개가 도보로 이동할 때는 심각한 비즈니스 이야기를 하지는 않으니, 어제 한 일이나 주말계획 등 개인적인 이야기를 가볍게 건네도 좋다. 이렇듯 협상은 회의실을 벗어나서도 진행된다는 것을 명심하길 바란다.

유리한
계약서
작성법

인간은 1시간 전에 들은 내용의 반 이상을 망각한다. 이는 내가 한 말이 아니다. 독일의 심리학자 헤르만 에빙하우스의 망각곡선에 의하면 인간은 남의 이야기나 강의를 듣고도 20분 후에는 42퍼센트의 내용을 잊고, 1시간 후에는 56퍼센트, 하루가 지나면 놀랍게도 74퍼센트나 잊는다고 한다.

인간의 단기 기억이란 이토록 불확실하다. 협상 테이블에서 오고간 내용도 1시간 후에는 반 이상 잊힌다는 말이다. 심각한 문제가 아닐 수 없다.

그러나 다행히도 대책이 있다. 에빙하우스에 의하면 20분 후 42퍼센트를 망각하기 전에 복습을 하면(망각곡선의 커브가 완만해지며) 기억이 지속된다고 한다. 즉 학교나 세미나 등에서 듣고 배운 내용을 복습하면 시간이 지나도 기억에 남는다는 말이다.

사람들은 심도 있게 협의해놓고도 나중에 만나면 그 내용을 많이 잊는다. 특히 힘든 협상일수록 논의가 복잡해지다보니 말했다, 말한 적 없다는 식의 1차원적인 논쟁이 오가기 마련이다. 그래서 불필요한 문제를 피하기 위해서라도 의사록과 계약서 작성법이 중요하다.

의사록을 작성하는 가장 적절한 타이밍은 협상이 끝난 시점이다. 협상을 마치고 시간이 한참 지난 뒤, 또는 사무실이나 호텔에 돌아간 뒤로 작성을 미루다보면 내가 한 말조차 잊는 일이 허다하다. 노트에 메모해두고도 "어, 이게 무슨 내용이었더라?" 하는 경우도 많다. 감정적인 면에서도 협상할 때에 느꼈던 열정이 그 자리를 벗어나고 환경이 바뀌면 식어버리기도 한다.

협상 내용을 상대방과 확인하는 의미에서라도 그 자리에서 바로 의사록을 작성하여 모두가 사인하는 절차를 마련하자. 이러면 말했다, 안 했다 식의 말다툼도 미연에 방지할 수 있고 괜한 오해도 피할 수 있다.

의사록 작성은 번거롭기는 해도 작성자 측이 단연 유리한 협상을 할 수 있다. 이미 작성된 의사록을 확인할 때에는 아무리 꼼꼼하게 체크한다 해도 작성자만큼 주의 깊게 읽지 않는다. 그리고 나중에 다시 읽을 때 아무래도 내 표현으로 작성되어 있으면 그때 상황을 떠올리기 쉽다.

화이트보드에 적은 내용을 인쇄해서 의사록으로 삼아도 좋으나 이 경우에는 협상 참가자의 인원수만큼 복사해서 모든 참가자가 수기 사인을 넣도록 해야 한다.

의사록의 다음 단계인 계약서는 법적으로 유효한 서류이므로 일상적이지 않은 어려운 표현을 구사해서 작성한다. 일반적으로 국제 협상에서는 영어로 작성하며, 영어 중에서도 계약서 특유의 단어, 표현, 관용어를 사용한다.

계약서란 본래 상호간의 결정사항을 서면으로 약속하는 것이다. 내가 이해하지 못하는 어려운 말을 나열하면 나중에 분쟁의 원인이 될 수 있다. 문제가 발생한 뒤에 계약서를 참조해보면 대부분이 해석 차이에서 발생하는 경우가 많다.

특히 상대가 영국, 미국, 호주 등 영어 네이티브 국가인 경우에 우리와 그들의 이해도가 달라 문제가 발생하기도 한다.

문제가 없더라도 계약서의 유효기간은 2년 이상, 보통 3년이나 5년이므로 그동안 담당자가 바뀔 수도 있기 때문에 더더욱 '누가 읽어도 똑같이 해석할 수 있도록' 유념해서 작성해야 한다. 또 위기 회피 방안으로 최대한 단순한 내용과 쉬운 말로 작성하자.

윈-윈
협상
'과외수업'

협상은 회의실에서만 이루어지지 않는다. 회의실을 벗어난 대표적인 장소는 저녁식사 자리다.

나는 저녁식사 자리가 가장 중요하다고 생각한다. 술 한 잔 곁들인 편안한 상태에서 내 모습을 있는 그대로 알릴 수 있고, 상대방에 대해서도 협상 상대가 아닌 한 인간으로 알 수 있기 때문이다.

상대방에 대해 알면 그의 가치관도 알게 되지만 결과적으로 협상에 도움이 된다. 물론 그 이상으로 좋은 인간관계가 형성되기도 한다.

비즈니스 만남으로 시작된 관계라도 사람은 인간적인 면모에 끌리기 마련이다. 세상만사 사람 사는 이야기나 웃음을 주는 대화를 나누면 그 뒤의 협상이 잘 풀린다.

그리고 내가 방문한 입장이면 상대방이 손님을 맞이하는 주인으로서 의례 식사 예약을 해주는데, 횟수가 늘면 세 번에 한 번은 내가 지불하는 것이 좋다. 그러고 나서는 번갈아가며 지불해야 좋은 인상을 남길 수 있다. 그래도 상대방이 극구 대접하겠다고 하면 "우리나라에 오시면 근사한 저녁으로 대접하겠습니다"라고 말하고 호의를 받아들이자. 이 또한 마이어에게 배운 사항 중 하나다.

이밖에 서양인들은 출장을 위해 따로 선물을 준비하지 않지만 나는 일부러 마련한다. "상대방은 하지도 않는데 굳이 뭘……." 하고 마는 것이 아니라 선물을 내 개성을 연출하는 아이템으로 여긴다. 단, 아무리 개성이라도 일방적인 전달은 무의미하다.

일본 모 회사의 임원은 중동지역으로 출장을 가면서 도착 시간에 맞게 익을 센비키야의 머스크멜론을 들고 갔다. 이 멜론은 일본에서야 오동나무 상자에 넣어 파는 몇십만 원짜리 고가상품이라지만 아랍에서는 하나에 1달러면 산다.

"이런 걸 상자에 포장까지 해서 머나먼 일본에서 챙겨온 의도가 따로 있는가?"

무슨 농담인지 해석해달라는 멜론을 받은 아랍인의 질문에 진땀을 뺀 기억이 있다.

어디까지나 선물은 받는 사람의 입장을 고려한 부담 없는 것이어야 한다.

다른 개성 연출 아이템으로는 감사편지Thank you Letter가 있다. 출장을 마치고 체크아웃하면서 협상 상대에게 엽서에 편지를 써 호텔 프런트를 통해 발송하는 것이다.

해외출장 초보자라면 작은 배려로 좋은 인상을 남길 수 있으니 한번 시도해보기 바란다.

국민성을 살려
윈-윈 관계를
만들기

 이제까지 협상 테이블에서 상대방에게 YES를 이끌어내는 여러 기술을 언급해왔으나 가장 중요한 점은 상대방에 대한 배려다. 이는 같은 나라 사람끼리든 외국인이든 마찬가지다. 배려의 마음은 작은 것에서 표현할 수 있다.

 예를 들면 쾌활한 인사와 밝은 인상은 상대방을 기분 좋게 만든다. 방문한 나라 말로 "안녕하세요!" "고맙습니다" "안녕히 계세요" 정도라도 외워두자. 그 나라에 대해 아는 만큼 상대방과 심도 있는 관계를 구축할 수 있다.

YES를 받아낸다는 것. 이는 서로의 마음이 열린 결과이지, 승패가 아니다. 사람과 사람이 만나 서로를 알아갈 때 좋은 비즈니스가 전개된다. "이 협상 참 잘 진행되었다"는 원-원의 마음을 공유할 수 있어야 비로소 업무를 초월한 인간관계로 발전한다.

협상이란 서로의 신뢰관계를 만들기 위한 툴이다. 서로에 대해 알게 된 순간 절로 손을 뻗어 악수하거나 얼싸안고 싶은 충동이 얼마든지 생긴다.

특별한 이유도 없이 협상을 잘 못한다고 느끼는 사람이 많겠지만, 이 책에 적은 내용은 결코 특별하지도 않다. 누구나 당장 실천할 수 있는 내용이다. 이 책을 참고로 나만의 개성 있는 협상 기술을 터득한다면 세계 여러 나라 사람들과 두터운 신뢰관계를 형성할 수 있을 것이다. 물론 국내 협상에도 크게 도움이 되리라 믿는다.

동양인 특유의 상대방에 대한 배려와 챙겨주는 '접대' 정신을 가지고도 그저 단순히 영어를 못 한다는 이유 하나로 이런 정신을 발휘하지 못한다면 너무 아쉬울 것 같다. 영어 콤플렉스가 있던 나도 전 세계 사람들과 협상을 할 만큼 성장했으니 독자 여러분도 세계를 무대로 맘껏 활약했으면 하는 바람이다. 앞으로 우리 사회는 한층 세계화될 것이며, 그에 비례해서 외국인과 접촉할 기회도 늘어날 것이다.

국민성을 비롯한 모든 특성을 살려 다양한 나라 사람들과 원-원 관계를 구축하고 나만의 브랜드를 완성시키면 분명 협상이 즐거워질 것이다.

에필로그

내가 '마크'가 된 까닭

1991년 봄.

파리에서 거래처 담당자 장 폴과 식사를 했을 때의 일이다.

몇몇 프랑스인 속에 일본인은 나 혼자였다. 대화는 영어였고 처음에는 서로 '미스터'를 붙여 부르다가 와인이 몇 잔 들어가고 분위기가 무르익자 장 폴이 내게 물었다.

"미스터 도미오카는 부르기가 어려워요. 일본 이름은 발음이 쉽지 않네요. 당신 부인은 당신을 뭐라 부르죠?"

나는 수줍게 대답했다.

"마군……."

라스트 네임에서 한 글자를 따서 붙인 별명이었다. 뭐, 그 당시에는 아이도 없었고 신혼 분위기가 물씬 풍기던 시절이었다.

장 폴은 내 대답을 듣자마자 무릎을 탁 쳤다.

"오, 마크! 아주 쉽고 국제적인 이름이네요. 나도 이제부터 당신을 마크라고 부르겠소!"

모두 술도 한 잔 했겠다, 그때부터 나를 마크라 부르기 시작했다. '마군'을 잘못 들었다고 수정하기도 뭐하고 귀찮기도 해서 그냥 웃고 말았다.

그리고 귀국하고 얼마 후, 회사 여직원이 나를 보며 묘한 표정을 지었다.

"도미오카 과장님, 이거……."

여직원은 장 폴이 보낸 FAX를 내밀었다. 종이에는 'To Mr. Mark'라고 적혀 있었다.

그때 나는 힌트를 얻었다.

'이런 작은 계기도 활용해보자! 해외에서 비즈니스를 하려면 상대방에게 깊은 인상을 남겨야 한다. 평범한 일본인 회사원이지만 앞으로 내 이름은 마크다!'

나는 그날 이후 자기소개를 할 때 이름을 마크라고 소개했다. 영문 명함도 마크로 바꾸어 협상에 임했다.

사내 여직원들은 뒤에서 키득대며 가십거리로 여긴 모양이지만 비즈니스상으로는 자신감이 붙기 시작했고, 나를 마크라고 부르는 외국 손님들이 늘어갔다. 이윽고 일본 거래처에서도, 사내에서도 나는 마크로 알려졌다.

'내가 마크가 된 이유'는 우연한 계기였지만 한편으로는 아버지께 감사하게 생각한다. 끝마무리로 아버지 이야기를 소개하고자 한다.

우리 아버지는 지방도시의 수도수리공이셨다. 대학에서 건축학과를 졸업하고 건축 관련 회사에서 경험을 쌓은 뒤, 제2대 사장으로서 가업을 물려받았다. 몇 년 후 고도 경제성장의 흐름을 탄 아버지는 작은 점포를 회사조직으로 바꾸어 사업으로 키우는 데에 성공했다. 잔업과 접대로 귀가시간이 늦었던 아버지는 주말에도 거의 집에 계시지 않았다. 내가 아버지 얼굴을 본 날은 한 달에 두세 번 정도였던 것으로 기억한다.

그러나 아버지에 대한 추억만큼은 선명하게 남아 있다. 자가용이 있는 집이 거의 없던 시절에, 그중에서도 드물었던 검은색 크라운에 태워주신 일, 친구들이 부러워해서 우쭐하기도 했지만 그 차로 함께 낚시하러 갔던 일은 너무 기뻐 지금까지도 기억이 생생하다.

그러나 내가 열 살 때 아버지는 과로에 의한 뇌출혈로 갑자기 세상을 떠나셨다. 그때 내 나이는 지금 내 아들과 같은 나이다. 남겨진 가족은 어머니, 남동생, 여동생, 그리고 나까지 넷이었다. 아버지는 생명보험도 가입해놓지 않으셨고, 애써 키운 회사도 아버지 형제들이 물려받았지만 퇴직금도 받지 못했다.

우리 가족의 생활은 그전과는 완전히 딴판이 되었고, 돈 한 푼 없는 가난뱅이로 전락했다. 아이 셋을 거느린 미망인의 일자리는 아무 데도 없었다. 결국 어머니는 전자오르간 강사생활로 우리를 키워주셨다. 늘 집에 늦게 오셨고, 장남인 나는 세 살 어린 남동생과 여덟 살 어린 여동생을 돌보았다.

친구와 놀고 싶어도 그러지 못했다. 힘들고 슬플 때도 많았다. 하지만 그나마 평범한 생활을 이어나갈 수 있게 해주신 어머니께 진심으로 감사할 따름이다.

나는 중학교 시절에 신문배달을 비롯해 아르바이트란 아르바이트는 닥치는 대로 했다. 그렇게 장학금과 아르바이트 비용으로 대학을 졸업할 수 있었고, 지인의 소개로 상장대기업에 입사해 지금에 이르렀다.

사회에 나와서는 많은 사람들에게 많은 일들을 배웠다.

영문 편지의 틀린 부분을 발견할 때마다 빨간 펜으로 수정해주던 상사, 협상을 가르쳐준 마이어, 그 외에도 헤아릴 수 없을 만큼 수많은 협상전문가들. 이들에게 겸허한 자세로 배울 수 있었던 것은 아버지를 일찍이 여읜 덕분이 아니었을까.

만약 내가 열 살 때 아버지를 여의지 않았더라면 편하게 가업을 물려받아 떵떵거리며 살 수 있었는지도 모른다. 대신 고생 모르고 자란 거만한 사람이 되어 남을 배려하지 않을 것이고, 사업에서는 실패했을 것이다.

아버지께서 돌아가시고 겪은 다양한 경험을 통해 나는 남을 존중하는 마음을 배웠다. 남을 존중하고 경의를 표한다는 것이 얼마나 중요한지 말이다. 어려운 협상이라도 상대방을 존중한다면 상대방도 내 마음을 알아 최종적으로 윈-윈의 결과를 낳는다.

아버지의 죽음이라는 힘든 일이 있었기에 나는 남을 존중할 줄 아는 사람이 되었다. 아버지의 죽음이라는 시련이 있었기에 나는 모든 일을 긍정적인 무기로 삼고 모든 일을 기회로 삼아 받아들이는 마음을 단련시킬 수 있었다.

그런 의미에서 남이 '마군'을 '마크'로 잘못 알아들은 해프닝을 비즈니스의 전환점으로 삼게 된 것은 간접적으로 아버지 덕분이라고 생각한다.

협상이란 오랜 세월에 걸쳐 훌륭한 인간관계를 만들기 위한 하나의 과정이다. 협상을 계기로 독자 여러분의 인맥이 넓어지고 더욱 큰 성공을 거두길 진심으로 바란다.

유대인처럼 협상하라

초판 1쇄 발행 2009년 11월 27일
개정판 1쇄 발행 2017년 1월 20일

지은이 마크 도미오카
옮긴이 전새롬
펴낸이 이범상
펴낸곳 (주)비전비엔피 · 비전코리아

기획 편집 이경원 박월 김승희 강찬양 배윤주
디자인 김혜림 이미숙 김희연
마케팅 한상철 이재필 이준건
전자책 김성화 김희정
관리 이성호 이다정

주소 우)04034 서울시 마포구 잔다리로7길 12 (서교동)
전화 02)338-2411 | **팩스** 02)338-2413
홈페이지 www.visionbp.co.kr
이메일 visioncorea@naver.com
원고투고 editor@visionbp.co.kr

등록번호 제313-2005-224호

ISBN 978-89-6322-112-0 13320

· 값은 뒤표지에 있습니다.
· 잘못된 책은 구입하신 서점에서 바꿔드립니다.

「이 도서의 국립중앙도서관 출판예정도서목록(CIP)은 서지정보유통지원시스템 홈페이지(http://seoji.nl.go.kr)와 국가자료공동목록시스템(http://www.nl.go.kr/kolisnet)에서 이용하실 수 있습니다.(CIP제어번호: CIP2016031664)」